BLUME JARDINERÍA

JARDINERÍA EN MACETAS

Contenido

Cultivar en macetas

Incluso sin experiencia en jardinería y aunque se disponga de poco tiempo, es posible cultivar con éxito plantas en maceta. El truco consiste en empezar con pocas macetas.

Simplemente hay que seguir unas sencillas reglas: la maceta debe adecuarse al tamaño de la planta, se debe elegir un buen sustratos, es necesario asegurarse de que los requisitos de cultivo son los correctos; además, la planta debe colocarse en el lugar más apropiado. Siguiendo estas reglas básicas el éxito está asegurado.

ELECCIÓN DEL RECIPIENTE

La elección del recipiente adecuado para el jardín puede ser tan importante como escoger las plantas que se van a cultivar en él. Aunque la elección va a depender siempre del estilo personal de cada uno, del efecto que se desee conseguir y de la economía, la maceta debería tener un diseño adecuado para el lugar en que se desea ubicar y debería ser del estilo y la forma más apropiados para realzar al máximo las plantas que va a contener.

Inevitablemente, en la elección también influyen consideraciones prácticas como el tamaño, la profundidad, el peso y el precio, pero, en la actualidad, existe una atractiva y creciente variedad de macetas de todos los precios y no existirán problemas para encontrar una selección que se adecue al estilo del jardín.

Con respecto al tamaño de la maceta, es evidente que las más pequeñas son más versátiles y más fáciles de trasladar, mientras que las de mayor tamaño pueden albergar una mayor cantidad de plantas y se pueden regar con menor frecuencia. Un recipiente bajo focalizará la atención en las plantas, mientras que una maceta grande y decorada puede tener tanta importancia en la composición como las plantas que alberga.

El lugar que la maceta debe ocupar condiciona la elección de la forma y el estilo de la misma, dependiendo de si se desea que se funda con su entorno o que destaque como un punto de atracción, aunque, probablemente, el factor decisivo para su elección sea el gusto personal. Mientras que algunas personas prefieren líneas simples y elegantes, otras optan por una decoración más elaborada y recargada.

Con la elección del estilo de la maceta se puede transformar por completo el carácter de una composición. Las jardineras decoradas o las macetas de estilo Versalles, por ejemplo, son más adecuadas para un jardín clásico, mientras que las sencillas macetas de terracota o los cestos de mimbre confieren al jardín un aire rústico; además, las macetas de colores brillantes y de formas o materiales inusuales crean un efecto más moderno.

Sea cual sea el estilo de las macetas, es importante recordar que en una terraza pequeña es fácil tropezar con ellas, de manera que se deben evitar las macetas de bordes agudos o rugosos y asegurarse de que su posición sea segura.

ADECUACIÓN DE MACETAS Y PLANTAS

Cuando se elige una maceta para una composición, el tamaño y la forma deben ser los adecuados para la envergadura de las plantas y la ubicación de las mismas. No se debe plantar un árbol en una maceta pequeña, ya que se volcará con el mínimo roce, ni plantas de poca envergadura en una maceta alta, donde parecerán pequeñas y perdidas.

Las plantas cultivadas en una maceta demasiado pequeña la llenarán rápidamente con sus raíces y agotarán el sustrato. Las macetas pequeñas se secan con rapidez cuando hace calor y su mantenimiento es difícil. Por otro lado, si una planta pequeña se coloca en una maceta grande, el sustrato puede mantenerse húmedo en el centro de la maceta durante demasiado tiempo y causar problemas a nivel de las raíces. Los arbustos y los árboles pequeños necesitan un recipiente profundo capaz de albergar sus grandes raíces, mientras que las flores y los bulbos quedan mejor y están más cómodos en una maceta ancha en forma de plato.

Además de la forma y el tamaño, es necesario tener en cuenta el color y la textura del recipiente y si se fundirá con las plantas que debe albergar. Los colores y las texturas naturales, como la madera, la piedra o la terracota, constituirán un complemento para las plantas y ayudarán a crear una sensación de paz, mientras que los colores brillantes y los materiales y texturas menos habituales aportarán un efecto vibrante e impactante. Los recipientes de estilo atrevido se prestan a composiciones menos usuales, con plantaciones de carácter arquitectónico o esquemas de colores brillantes.

Algunas plantas quedan mejor en determinados tipos de maceta. Por ejemplo, las plantas de rocalla parecerán más en su ambiente si se plantan en un contenedor de piedra que en una maceta adornada. Para conseguir sacarles el máximo partido, las plantas rastreras necesitan espacio por el que extenderse, de manera que no deben plantarse en una maceta pequeña y baja. Asimismo, sería absurdo cultivarlas en una maceta decorada, ya que pronto quedará escondida tras la planta. Por el contrario, las plantas

alzada aportará un toque personal a una maceta convencional. Cualquier libro de manualidades ofrece asesoramiento sobre pinturas y técnicas.

MACETAS IMPROVISADAS

Cualquier recipiente capaz de contener sustrato puede utilizarse para cultivar plantas, siempre que puedan hacerse orificios para el drenaje y que el material sea inerte y no reaccione con los abonos, la humedad o las sustancias químicas. Actualmente, se ha extendido el uso de viejas carretillas y bañeras y, aunque pueden haberse convertido en cierta manera en un cliché, en el lugar adecuado pueden constituir una composición espectacular. No obstante, en estos tiempos, todo vale, y, desde un viejo par de botas de goma hasta un inodoro, cualquier cosa puede servir como contenedor para plantas. Con un poco de inventiva, se descubrirá que existen muchas pequeñas cosas en la casa y el jardín que pueden utilizarse para el cultivo de plantas. Así, por ejemplo, es posible utilizar un viejo bidón o balde de agua, recipientes de estaño, barriles de cerveza, troncos, toneles, orinales, cubos, ollas… Es sólo cuestión de imaginación.

MATERIALES

MADERA

La madera es un material natural versátil que constituye un marco ideal para las plantas. Los recipientes de madera son apreciados y combinan fácilmente en cualquier ubicación. La madera se adecua tanto a diseños clásicos, como las macetas de estilo Versalles, como a los diseños más desenfadados, como un tonel rústico. Existe una gran variedad de diseños disponibles; además, la madera también es ideal para la creación de recipientes de diseño propio. Si no está pretratada, la madera debe tratarse con un conservante que no resulte nocivo para las plantas; no utilice nunca creosota. Para prolongar la vida de las jardineras de madera puede utilizarse un cobertor de plástico para el interior. La madera tiene un peso medio y puede utilizarse en recipientes bastante grandes.

Además, es un buen aislante al evitar las temperaturas extremas. Asimismo, puede pintarse fácilmente para

rastreras disimularán una maceta poco atractiva. Por otro lado, son útiles como nexo de unión en una composición formada por un grupo de macetas de distintas alturas, así como para suavizar las líneas rígidas de escalones y caminos de entrada.

CREARLA UNO MISMO

Si, a pesar de la gran variedad disponible en el mercado, no se encuentra la maceta adecuada, no es difícil crearla uno mismo. Las dos principales ventajas de esta opción son que se puede crear del tamaño exacto para que se acople a determinado espacio, como el estrecho alféizar de una ventana o una esquina difícil del patio, y que se puede crear algo completamente original.

Naturalmente, también existe la posibilidad de conferir un toque original a una maceta comprada en la tienda, gracias a la decoración. Existen pinturas en el mercado capaces de cubrir prácticamente cualquier material, y una decoración realizada mediante el método del estarcido o a mano que armonice o contraste con su entorno o para complementar un esquema de plantación.

PIEDRA

La piedra puede constituir un atractivo soporte para las plantas, pero además de cara es muy pesada. Esto implica que sólo es adecuada como jardinera a nivel del suelo, y debe colocarse cuidadosamente antes de proceder a plantar, ya que no es fácil mover un contenedor de piedra.

El color y la textura dependerá del tipo de piedra utilizado, aunque enseguida adquieren un atractivo aspecto envejecido, duran mucho tiempo y no necesitan ningún tipo de mantenimiento.

La piedra reconstituida o el hormigón constituyen una alternativa más económica y puede encontrarse en gran variedad de formas decorativas. Estos recipientes también son pesados, fuertes y duraderos, lo que los hace adecuados para plantaciones grandes y permanentes.

Aunque nuevos pueden tener un aspecto algo duro, pueden «envejecerse» pintando su cara externa con yogur de fermentos para favorecer el crecimiento de líquenes y musgo.

METAL

Hoy en día, es extraño ver contenedores de plomo, cobre o hierro debido a su elevado coste y al problema del óxido y la corrosión, aunque en las subastas todavía pueden encontrarse decorativos contenedores antiguos.

Aunque caros y pesados, duran mucho y son muy decorativos, especialmente aquellos que han adquirido la pátina del tiempo.

TERRACOTA

Durante mucho tiempo, la terracota ha sido uno de los materiales más utilizados en las macetas de jardín, que pueden encontrarse en un gran número de tamaños y formas, desde las más sencillas hasta las más ornamentadas. Su magnífico aspecto terroso rojo parduzco combina perfectamente con la mayoría de las plantas, y con el tiempo adquiere un atractivo acabado natural. La terracota es un material poroso,

de manera que las macetas no barnizadas se secarán con rapidez y necesitarán un riego más frecuente. Además, son más difíciles de limpiar y desinfectar antes de volver a plantar.

La mayoría de las macetas de terracota son relativamente económicas, aunque las más elaboradas o las hechas a mano pueden ser bastante caras. Sin embargo, son bastante frágiles y deben tratarse con cuidado para evitar que se rompan. Si se pretende dejar las macetas en el exterior durante el invierno, es necesario comprobar que soportarán las heladas, ya que algunas, sobre todo las fabricadas en los países mediterráneos, suelen romperse o resquebrajarse si se exponen a temperaturas bajo cero.

Las macetas de terracota barnizadas, que se encuentran en el mercado con diferentes acabados, conservan mejor la humedad y se limpian y desinfectan con mayor facilidad. Asimismo, el gres, tanto barnizado como no, conserva bien la humedad y soporta las heladas.

PLÁSTICO

Las macetas de plástico son económicas, ligeras y conservan bien la humedad. El problema es que tienden a decolorarse y a deteriorarse rápidamente; además, no tienen un aspecto tan elegante como las de otros materiales. No obstante, muchos plásticos modernos son más duraderos y, en los últimos años, se han comercializado diseños mucho más interesantes.

En la actualidad, las macetas de plástico pueden encontrarse en diversas formas y tamaños, desde grandes contenedores adecuados para pequeños árboles hasta macetas para bulbos. Dada su ligereza, son relativamente fáciles de mover e ideales para el balcón. Si se utilizan muchas macetas de plástico, se conseguirá un efecto más armónico. El negro constituye una buena opción al ser un color neutro que se funde con el fondo, pero, en la actualidad, en el mercado se encuentra una amplia gama de colores.

FIBRA DE VIDRIO

La fibra de vidrio se ha utilizado para imitar materiales naturales, lo que constituye una alternativa barata, ligera y de gran duración frente a materiales como la piedra. Es inocua para las plantas y resiste las heladas, aunque puede resultar bastante frágil.

CULTIVO Y CUIDADOS

SUSTRATO PARA MACETAS

Para conseguir una composición realmente impactante, las macetas deben llenarse con un buen sustrato. Si se utiliza un sustrato de mala calidad, las plantas no tardarán en demostrar que no pueden desarrollarse correctamente.

No utilice nunca la tierra del jardín, ya que lo más probable es que resulte demasiado pesada, no drene bien y contenga semillas de malas hierbas. Un buen sustrato para macetas de los que se encuentran en el mercado está elaborado con componentes limpios y sin semillas de malas hierbas y contiene los nutrientes suficientes para el crecimiento equilibrado de las plantas durante varias semanas o meses. Existen dos tipos principales de sustrato para macetas: las mezclas que contienen tierra, como la John Innes, y aquellas que no contienen tierra.

El sustrato John Innes para macetas puede prepararse en casa, pero la mayoría de la gente prefiere comprarlo ya preparado. Contiene tierra esterilizada y turba y arena en determinadas proporciones, además de una mezcla equilibrada de abono. Por regla general, las mezclas que contienen tierra son más adecuadas tanto para los ejemplares de mayor tamaño como para las plantaciones de larga duración.

Asimismo, las mezclas que no contienen tierra pueden prepararse en casa o comprarse ya preparadas. Habitualmente contienen turba mezclada con arena y abono de liberación lenta, pero las mezclas que contienen sucedáneos de turba, como la fibra de coco o corteza, son cada día más habituales en el mercado. Las mezclas que no contienen tierra son más ligeras y fáciles de manipular, pero puede ser difícil rehidratarlas si se secan; además, las plantas utilizan rápidamente los nutrientes que contienen, por lo que es necesario abonarlas con regularidad.

Cada planta prefiere determinado tipo de mezcla. En el centro de jardinería más cercano es posible encontrar una gran variedad de mezclas ya preparadas para las necesidades específicas de cada planta, como las mezclas para bulbos, el sustrato para orquídeas o las mezclas para camelias y azaleas, así como mezclas especiales para macetas colgantes o semilleros.

Asimismo, cuando decida preparar su propia mezcla también es posible variar la proporción de sus componentes para adecuarla a las necesidades de cada grupo de plantas. Por ejemplo, en el caso de los helechos, las macetas colgantes o las macetas en ventanas, puede interesar aumentar la cantidad de turba que retendrá la humedad, o añadir más arena gruesa para mejorar el drenaje en el caso de las plantas que crecen a pleno sol.

El sustrato viejo puede transmitir plagas y enfermedades y lo más probable es que los nutrientes se hayan agotado, de manera que siempre que se plante o renueve una maceta debe utilizar sustrato nuevo o, como mínimo, sustituir la mitad superior del sustrato por material nuevo.

DRENAJE

Si el drenaje es escaso, el sustrato se anegará y las raíces se pudrirán. Cualquier maceta debe tener unos orificios de drenaje de un tamaño adecuado en el fondo para que el agua pueda drenar con facilidad. Antes de llenar la maceta con el sustrato debe cubrirse el fondo con material de drenaje, como trozos de maceta, piedras o grava. Lo importante es que los orificios no se obstruyan nunca o queden bloqueados por el sustrato.

Asimismo, también es importante para la conservación tanto de la maceta como de la planta que el agua se drene bien del suelo sobre el que descansa la maceta. La colocación de las macetas a cierto nivel del suelo mediante pies o tarimas permite que el exceso de agua drene con facilidad. Además, contribuye a reducir las probabilidades de que en la maceta se instalen caracoles y limacos. Las macetas nunca deben dejarse sobre platos, aunque estén parcialmente llenos de agua, ya que, de lo contrario, el agua se estancaría, lo que resulta muy

perjudicial para las plantas, especialmente durante los meses de invierno.

RIEGO

Como regla general, el sustrato de una maceta nunca debe dejarse secar por completo antes de volver a regar. Es necesario permanecer atento a los primeros síntomas de marchitado y comprobar el grado de humedad tocando el sustrato con los dedos o sopesando la maceta.

Cuando el tiempo sea cálido, seco y ventoso, la maceta deberá comprobarse cada día. Si los centímetros superiores están secos o la maceta parece muy ligera, es necesario regarla. Es importante asegurarse de empapar bien el sustrato.

La frecuencia de riego dependerá de diversos factores, como el tiempo, la temperatura del aire, el tamaño de la maceta y el tipo de planta (por ejemplo, los helechos necesitan cierta humedad constante, mientras que plantas como la lavanda o el romero prefieren que el sustrato se seque entre riego y riego). Cuanto más cálido y seco sea el tiempo, más agua necesitarán las plantas; durante los meses de verano puede ser necesario regar dos veces al día cuando se trata de macetas muy pequeñas. La protección de las plantas frente al sol de primera hora de la tarde reduce la evaporación. Un acolchado de corteza o grava también contribuirá a conservar la humedad y a mantener a raya las malas hierbas.

Es mejor regar a primera hora de la mañana o a última hora de la tarde, de manera que la evaporación sea mínima y las plantas dispongan de algunas horas para absorber el agua. Si las plantas se marchitan al mediodía durante una ola de calor, se debe comprobar la humedad del sustrato. Si está húmedo, se trata sólo de un mecanismo de protección y la planta volverá a recuperar su lozanía una vez pasadas las horas de sol. Si la mezcla está seca, la base de la planta deberá regarse. Si el agua salpica el follaje a pleno sol, las hojas pueden quemarse.

Como regla general, el riego de las macetas con una regadera o una manguera con boquilla pulverizadora ofrece una suave ducha en lugar de un chorro de agua. Como alternativa, puede utilizarse un sistema de riego por goteo y pasar la manguera de maceta a maceta una vez estén bien empapadas. Para alcanzar las macetas colgantes o las macetas del fondo es muy útil una manguera con un accesorio de alargo. Las jardineras de «autorriego» disponen de un depósito de agua al que las plantas pueden recurrir cuando lo necesitan.

Si se dispone de un gran número de contenedores, el riego puede llevar mucho tiempo, por lo que puede ser interesante la instalación de un sistema de riego automático, que consta de un sistema de conductos conectados con un grifo exterior y ramificaciones dotadas de goteros que llegan hasta cada una de las macetas. Asimismo, puede conectarse un sofisticado temporizador al grifo exterior para controlar el horario del riego. Este tipo de sistema puede ser especialmente útil cuando se está de vacaciones.

Se debe tener en cuenta que la lluvia puede no llegar a todas las macetas, sobre todo a aquellas cubiertas por un voladizo. Además, el viento seco puede reducir rápidamente la humedad de las macetas. No olvide comprobar el nivel del depósito de las macetas de «autorriego».

Si una maceta o cesto colgante se ha secado, se deberá mantener en un baño de agua durante toda la noche para rehidratar las raíces.

Sea cual sea el tipo de maceta, durante el invierno necesitará menos agua. Es importante no regarlas en exceso, ya que, de otra manera, las raíces pueden pudrirse y la planta morir. Por otra parte, no deben descuidarse, ya que necesitan agua.

Es interesante mezclar cierta cantidad de gránulos de retención de humedad con el sustrato antes de proceder a plantar, ya que éstos aumentarán la capacidad de retención de la humedad del sustrato. Este método puede ser especialmente útil en el caso de las macetas colgantes, ya que se secan con rapidez.

ABONADO

Las plantas cultivadas en maceta necesitan, inevitablemente, un abonado más frecuente y cuidadoso que aquellas cultivadas en terreno abierto, debido a lo limitado de los nutrientes presentes en el sustrato, sobre todo en las macetas de menor tamaño. Cuanto mayor es el número de plantas de una maceta, con mayor rapidez agotarán los nutrientes del sustrato.

Habitualmente, las plantas cultivadas en maceta no precisan abono durante las primeras semanas. Transcurrido este tiempo, las plantas agotarán gradualmente los nutrientes. Asimismo, éstos se reducen con rapidez a causa de la lluvia y el riego constante.

El abono sólo debe aplicarse cuando la planta está en período de crecimiento activo, lo que generalmente ocurre desde primavera hasta principios de otoño. No se debe añadir nunca el abono con el sustrato seco; primero las plantas deben regarse y, seguidamente, aplicar el abono y volver a regar.

Existen varias maneras de administrar el abono. Los abonos secos o sólidos, que en el mercado se encuentran en forma de gránulos o polvo, pueden mezclarse con el sustrato antes de la plantación o pueden aplicarse sobre él, dependiendo del tipo de sustrato.

Los abonos líquidos constituyen una manera sencilla de abonar un gran número de macetas. Simplemente deben diluirse de acuerdo con las instrucciones del fabricante y aplicar la solución con la ayuda de una regadera o rociarla mediante un accesorio especial para la manguera.

El método más sencillo consiste en las barritas o gránulos de abono de liberación lenta, que pueden añadirse al sustrato y que liberan el abono durante un largo período de tiempo, con frecuencia hasta incluso durante seis meses, lo que evita la necesidad de abonar la tierra cada semana o cada quince días.

Los abonos con un elevado contenido en potasio son más adecuados para las flores, mientras que los abonos ricos en nitrógeno son apropiados para las plantas de follaje. Sin embargo, habitualmente, para las plantaciones mixtas es mejor utilizar un abono universal equilibrado. Si se sospecha que las plantas sufren un déficit de oligoelementos o minerales, la forma más rápida de solucionar el problema consiste en un abono para el follaje, el cual es absorbido con gran rapidez por la planta. Asimismo, el estiércol es un excelente alimento, y, si regularmente se añade a las macetas grandes, mejorará la textura del sustrato, al tiempo que aportará los nutrientes necesarios.

CUIDADO DE LAS MACETAS

CUIDADOS HABITUALES

El descuido se traducirá rápidamente en unas plantas marchitas y poco atractivas, susceptibles a padecer plagas y enfermedades. En cambio, unos ligeros cuidados rutinarios mantendrán las plantas sanas y con un aspecto inmejorable.

Es obvio que las plantas deben regarse y abonarse con regularidad, ya que se encuentran en un medio limitado, es decir, la maceta.

También es importante una adecuada higiene, de manera que cualquier plaga o mala hierba debe eliminarse con celeridad, así como las hojas y las flores ya marchitas, ya que, de lo contrario, podrían ser caldo de cultivo de todo tipo de plagas y enfermedades. Asimismo, la eliminación de las flores marchitas prolonga el período de floración y, en algunas plantas cobertoras, también puede mejorar la calidad de las flores.

Algunas plantas se benefician de una poda más importante que la simple eliminación de las flores marchitas.

Muchas plantas cultivadas en maceta agradecen la poda ligera y la guía regulares. Así, por ejemplo, si se recortan los brotes de las fucsias, se favorece el porte arbustivo.

Los arbustos recortados y guiados, así como las trepadoras, necesitan una poda ligera regular durante el período de crecimiento para mantener su forma.

Cuando la poda se realiza en una plantación mixta, no sólo deben tenerse en cuenta las plantas individualmente, sino también la forma general de la composición.

Es necesario comprobar con regularidad las plantas trepadoras y de gran altura que necesiten ser tutoradas y asegurarse de que están bien sujetas a medida que crecen para conseguir su mejor aspecto y que no sufran daños al ser vencidas por su propio peso o por vientos fuertes o intensas lluvias.

Las plantaciones de larga duración, como los árboles y los arbustos, agradecerán que la capa superior del sustrato se reemplace con regularidad por material fresco, como mínimo una vez durante su período de crecimiento.

CUIDADOS ESTACIONALES

Con un clima cálido, es probable que tenga que proteger las plantas del sol y trasladarlas a un lugar sombreado. Es imprescindible comprobar la necesidad de agua, como mínimo una vez al día. Pulverice las hojas con agua a primera hora de la mañana. La pulverización a última hora de la tarde puede ayudar a recuperar la humedad perdida, pero no es aconsejable dejar las plantas muy húmedas durante toda la noche, ya que puede favorecer las enfermedades fúngicas. Si desea irse de vacaciones, traslade las plantas a una zona protegida y con sombra e intente que alguien las riegue con regularidad.

Como alternativa, se pueden colocar sobre una alfombrilla de capilaridad que tome la humedad de un depósito de agua, como un balde o un pila.

Las composiciones estivales de escasa duración pueden arrancarse y retirarse al final de la estación.

Si no puede introducir las macetas en un invernadero u otra zona protegida, es importante tomar ciertas precauciones para proteger tanto las plantas como las macetas frente a las heladas. Muchas de las macetas modernas que se encuentran en los centros de jardinería soportan las heladas, lo que no quiere decir que todas las soporten, de manera que siempre es aconsejable cerciorarse antes de adquirirlas.

Las macetas que soportan las heladas deben vaciarse y guardarse en un lugar seco y al resguardo de las heladas hasta la primavera.

La humedad aumenta el riesgo de daño por las heladas, de manera que es importante asegurarse de que las macetas drenen bien y durante el invierno mantenerlas secas. De esta manera se reduce también la posibilidad de exceso de agua, situación que constituye una de las principales razones de pérdida de plantas de maceta durante el invierno.

Debería aplicarse un grueso acolchado a las plantas (por ejemplo, corteza) y las hojas de las plantas expansivas pueden atarse para una mayor protección.

Es posible agrupar las macetas y, en la medida de los posible, ofrecerles una protección adicional y mantenerlas cerca del calor y protegidas por la casa u otra construcción.

Las plantas de macetas pequeñas son especialmente vulnerables, por lo que o bien se colocan en una zona más protegida, hundidas en un bancal o un arriate, o bien se les aplica una cobertura protectora de turba para reducir al mínimo el riesgo de que se congelen completamente.

En invierno, o en primavera con las últimas heladas, las plantas se pueden proteger envolviéndolas cuidadosamente con una cobertura de lana. Si se produce una nevada intensa, se debe retirar la nieve de las coníferas u otras plantas de hoja perenne, ya que de otra manera puede alterarse su forma.

PLAGAS Y ENFERMEDADES

Las plantaciones muy densas pueden sucumbir a plagas y enfermedades con bastante rapidez, de manera que es importante revisar las plantas con regularidad. La primera premisa es partir de plantas sanas. Es posible evitar problemas con la revisión de todas las plantas que se adquieran. Se debe utilizar sustrato nuevo siempre que se plante de nuevo en una maceta. En lugar de reutilizar el sustrato antiguo es mejor desecharlo, ya que puede albergar plagas y enfermedades. Además, las reglas de oro para evitar problemas son el cuidado y mantenimiento regular de las macetas, una buena higiene y la detección precoz. El abonado y riego regular mantendrán las plantas sanas y reducirán la probabilidad de que sucumban a una plaga o enfermedad. Se deben retirar las hojas muertas cuanto antes y mantener la maceta limpia para evitar las plagas.

Es necesario revisar con frecuencia las plantas, preferentemente cada vez que se rieguen, ya que es más fácil solucionar el problema si se detecta precozmente. Así, por ejemplo, un poco de pulgón puede eliminarse fácilmente manualmente, sin necesidad de recurrir a sustancias químicas y antes de que la plaga se desarrolle.

Si el problema es más importante y se debe recurrir al control químico, hay que tener cuidado en elegir el más apropiado y seguir al pie de la letra las instrucciones del fabricante. Por lo general, los extractos de base vegetal son las sustancias más seguras.

Agapanthus

AGAPANTO

Los agapantos necesitan un lugar soleado y protegido. Utilice un sustrato de drenaje adecuado y riegue en períodos de sequía. En las zonas de clima templado es resistente, pero en las regiones más frías necesita protección durante el invierno. Los híbridos Headbourne son especialmente resistentes. Puede cultivarse en maceta y queda muy bien en recipientes llamativos. Algunas atractivas formas enanas tienen un follaje que raramente excede los 20 cm. Florecen de mediados hasta finales de verano o a principios de otoño y constituyen unas bellas plantas para maceta, con largos tallos con flores azules y hojas acintadas. Utilice un abono universal. Corte los tallos florales muertos, excepto que desee conservar las semillas. Divida las matas a principios de primavera. A partir de las semillas, la planta tarda tres años en florecer. Controle los caracoles, que suelen instalarse en las hojas.

Lobularia maritima

CESTILLO DE PLATA

El cestillo de plata presenta grupos de diminutas flores de varios colores (blanco, rosa, violeta y púrpura) que forman inflorescencias redondas. Todas las variedades desprenden un aroma dulzón a miel, aunque para advertirlo hay que acercarse. Nunca crecen más de 15 cm de alto, lo que lo hace ideal para su cultivo en maceta, jardinera o maceta colgante. Es una planta anual de crecimiento rápido que florece principalmente en verano y principios de otoño. Siembre las semillas en un invernadero a principios de primavera o en el exterior a finales de primavera. El aliso de mar tolera las zonas a pleno sol, y en sombra se alarga y hace más fino.

Amaranthus

AMARANTO

El amaranto se cultiva por su colorido follaje de aspecto exótico y sus erectas o colgantes borlas cubiertas de púas de flores de color rojo sangre, verde, pardo dorado, púrpura o multicolores de hasta 45 cm de largo. Las hojas pueden ser rojas, de color bronce, amarillas, pardas o verdes, dependiendo de la variedad. Su tamaño oscila entre los 35 cm y los 120 cm de alto. Es extraordinaria como flor cortada fresca o seca para arreglos florales de interior. Se trata de una anual espectacular para zonas cálidas a pleno sol y protegidas. Siembre las semillas a principios de primavera para disfrutar de una planta espectacular todo el verano. Riegue y abone con regularidad durante el período de crecimiento.

Anemone

ANÉMONA

Las anémonas constituyen un extenso género con un gran número de excelentes plantas de bosque, como *Anemone ranunculoides*. Se trata de una vivaz expansiva que crece unos 12 cm de alto y 45 cm de ancho, con flores amarillas en primavera. Otras anémonas boscosas son *A. nemorosa*, de color blanco. La mayor parte del resto de anémonas son más vistosas, como *A. hupehensis*, de color rosa oscuro, que crece hasta los 60 cm de altura o incluso más. La anémona japonesa, *A. hupehensis japonica*, presenta unas impactantes flores blancas. Plante en otoño los bulbos de las variedades que florecen en primavera a una profundidad de 3-4 cm para obtener flores en primavera. Después de la plantación y el riego inicial procure que el sustrato no esté demasiado húmedo.

Superior: Agapanto, amaranto
Inferior: Cestillo de plata, anémona

Zantedeschia aethiopica

LIRIO DE AGUA

Los lirios de agua son muy apreciados por sus bellas flores de tacto ceroso, de color blanco puro y con un espádice central dorado. Las hojas lanceoladas son de un verde intenso y la planta puede alcanzar hasta los 100 cm de alto. *Z. aethiopica* puede desarrollarse en el exterior en jardines razonablemente resguardados. Siente predilección por la humedad; puede cultivarse como planta de estanque en hasta 30 cm de agua. Planta vivaz vulnerable a las heladas y de floración estival, el lirio de agua prefiere el pleno sol o la semisombra y un sustrato adecuadamente drenado. Durante el período de crecimiento necesita abundante agua y abono universal. Propague el lirio de agua en invierno a partir de bulbos reproductores. Los caracoles pueden representar un problema. «Crowborough» es una magnífica variedad blanca, mientas que «Green Goddess» produce espectaculares espatas verdes salpicadas de blanco.

Colchicum

CÓLQUICO

Se trata de otra bella planta que ilumina y alegra el jardín en otoño. Aunque las flores son parecidas a las del azafrán, no existe relación entre ellos. De cada bulbo reproductor surge hasta una docena de flores con forma de cáliz. Existe una variedad de color blanco puro, «Alba», y una maravillosa variedad doble conocida como «Waterlily», con una gran profusión de pétalos rosa liláceos. Plante los bulbos en primavera para obtener flores en otoño. Precisan un lugar soleado

Superior: Lirio de agua, begonia
Inferior: Cólquico, ojo de poeta

y protegido y no deben tocarse durante tres años para conseguir que la mata se multiplique. Abone después de la floración y no corte el follaje; deje que muera de forma natural.

Begonia

BEGONIA

Excelentes para arriates y macetas, las begonias presentan unas hojas carnosas verdes o bronce y flores de múltiples colores y se cultivan como anuales de resistencia media. Las variedades de *Begonia semperflorens* de raíces «fibrosas» crecen hasta los 20 cm, presentan muchas flores pequeñas y se desarrollan bien en lugares protegidos. Los tipos de raíces «tuberosas» alcanzan los 25 cm de altura, con flores menos numerosas, pero más grandes, de hasta 10 cm de diámetro. Existen variedades rastreras, ideales para macetas colgantes, que alcanzan los 30-60 cm. Las begonias de arriate florecerán durante todo el verano en semisombra o a pleno sol y producirán flores sencillas o dobles de brillantes colores. Las semillas son extremadamente delicadas y de difícil manipulación. Requieren un buen drenaje y un riego regular, pero no excesivo.

Thunbergia alata

OJO DE POETA

Las flores de *Thunbergia* pueden ser de color naranja, amarillo o blanco, y, en ocasiones, carecen del centro negro. Se cultiva como una anual de resistencia media tanto en el exterior como en el interior. En el exterior, cuando se cultiva en grandes jardineras, desarrolla marañas de brotes de hasta 150 cm. En las zonas más frías, estas plantas deben cultivarse en el invernadero o en el porche para garantizar una buena floración. *Thunbergia* es una planta de crecimiento moderadamente rápido y florece desde principios de verano hasta principios de otoño.

Browallia

Browallia se caracteriza por sus flores violeta-azuladas de centro más pálido. También pueden encontrarse variedades de flor blanca o de varios colores. La planta crece hasta los 30 cm y es adecuada para macetas y cestos. Las variedades de *Browallia speciosa* se cultivan como anuales de resistencia media y también como plantas de interior. Siémbrela en primavera para disfrutar de sus flores en verano, o bien en verano para que florezca en invierno bajo cubierto. Las semillas no deben sembrarse en interior. Prefiere pleno sol o, como mínimo, sol durante la mitad del día y un suelo fértil y bien drenado, aunque no debe secarse por completo. Abone con regularidad durante la floración y pode los brotes jóvenes.

Ajuga
BÚGULA

La búgula florece en primavera, pero, con frecuencia, se planta por el color de su follaje perenne más que por sus espigas de flores azules. En el mercado se encuentra gran variedad de colores del follaje, desde el bronce metalizado hasta las variedades variegadas de color rosa o crema. Esta planta longeva raramente supera los 15 cm, aunque las espigas de flores intensamente azules pueden ser más altas. En el jardín es una estupenda cobertora bajo árboles y asienta bien el terreno. Sin embargo, también se utiliza como planta de arriate y puede cultivarse en jardineras y macetas. Una vez la planta está establecida, su crecimiento es denso, por lo que evita la aparición de malas hierbas. La búgula puede dividirse en otoño o invierno. Crece al sol o a la sombra y en cualquier tipo de suelo. Riegue con regularidad y abone en los meses más cálidos. Revise la planta para detectar el oídio en las hojas cuando el ambiente es húmedo.

Impatiens
ALEGRÍA

Crece bien al sol o a la sombra y existen diferentes variedades. Se utiliza en arriates, jardineras, macetas de ventana y macetas colgantes. Existen diversas variedades, como «New Guinea» (30 cm) y «balsams», de crecimiento arbustivo (25 cm). La alegría crece hasta alcanzar una altura y anchura de 15-30 cm, dependiendo de la variedad. Todas las alegrías son anuales, de resistencia media y la propagación a partir de semillas requiere ciertos cuidados. Se encuentra fácilmente como planta joven o como planta ya crecida en primavera. Sus flores pueden ser sencillas o dobles y tener varios colores. Las variedades más modernas producen plantas compactas en un amplio abanico de vívidos colores. En macetas quedan mejor si se agrupan varias. Se propagan fácilmente a partir de esquejes obtenidos en primavera o verano. Son sensibles a las heladas y crecen mejor en semisombra. Necesitan un riego regular.

Ranunculus asiaticus
RANÚNCULO

Se dividen en invasivos y menos invasivos. El género comprende alrededor de 400 especies de anuales, bianuales y vivaces, con diversos requisitos, que oscilan desde las laderas alpinas bien drenadas hasta las charcas. Plante las raíces tuberosas, con las ramificaciones hacia abajo, a 3-4 cm de profundidad en otoño para obtener flores en primavera. Necesitan un buen drenaje, pleno sol o semisombra y protección contra el viento. Riegue regularmente cuando el tiempo sea seco y ventoso, especialmente cuando está en flor.

Superior: Browallia, *balsamina*
Inferior: Búgula, ranúnculo

Schizanthus

PAJARITO

Schizanthus es espectacular cuando se utiliza en grandes macetas y jardineras. Tiene un follaje similar al de los helechos, y flores en forma de trompeta en ricos tonos de rosa, púrpura, magenta, pasteles o blancos. La garganta de las flores muestra un patrón intrincado. Las únicas variedades que vale la pena cultivar en el exterior son las enanas, que alcanzan 20-30 cm, aunque deben protegerse de los vientos intensos y del sol del mediodía. *Schizanthus* es una planta anual de resistencia media, muy sensible a cualquier helada. Prefiere el sol y los lugares protegidos del viento. Siembre las semillas en primavera para disfrutar de sus flores de verano a otoño. Riegue con regularidad y abone cuando sea necesario.

Campanula

CAMPANILLA

Existen diversas especies y variedades, que oscilan desde las campanillas Canterbury anuales hasta los numerosos tipos de vivaces. Por regla general, es fácil de cultivar tanto a pleno sol como en semisombra. Existe una amplia gama de flores, desde las de forma de plato hasta las tubulares. Asimismo, varían mucho en altura, desde las pequeñas, de 8 cm, como *C. betulifolia*, hasta *C. lactiflora*, de 150 cm de altura. Las primeras son excelentes para el frente de un margen y las segundas deben agruparse detrás. Existen varias formas excelentes: *C. glomerata* «Superba» es de crecimiento vigoroso y alcanza los 60 cm x 60 cm, mientras que *C. burghaltii* produce campanillas tubulares de color violeta pálido en el mismo período. Las variedades vivaces de crecimiento lento pueden cultivarse en macetas

o cestos o como cobertoras a los pies de plantas más grandes. Crecen al sol o a la sombra, pero las flores despliegan unos colores más atractivos a la sombra. Algunas se propagan a partir de semillas y otras por división de matas ya establecidas. Los limacos pueden constituir un problema.

Celosia argentea

CELOSÍA

La celosía presenta flores en forma de pluma o de cresta de colores que oscilan del carmín intenso al escarlata, el naranja y el amarillo. Las formas altas alcanzan los 60 cm y las enanas no sobrepasan los 25-30 cm. Se cultiva como anual de resistencia media y se utiliza en arriates o como planta impactante en macetas. Es adecuada como flor ornamental. Siembre las semillas en primavera para una floración prolongada de verano a otoño. Crece mejor al sol, en una terraza protegida. Durante el verano, riegue y abone con regularidad.

Anthemis; Chamaemelum nobile

MANZANILLA

Existen variedades tanto anuales como vivaces, de follaje finamente dividido, con frecuencia aromático y flores similares a las margaritas. Precisan pleno sol, un suelo bien drenado y no aceptan un exceso de abono.

Superior: Pajarito, celosía
Inferior: Campanilla, manzanilla

Callistephus

CORONADO

Los coronados son anuales de resistencia media y no deben confundirse con los áster vivaces. Las flores presentan gran diversidad, desde las que tienen pétalos estrechos en forma de pluma hasta las bicolores o de un solo tono. Su tamaño oscila entre los 20 y los 90 cm de alto, según la variedad. Es una anual arbustiva de crecimiento rápido con flores similares a las margaritas. Precisan un lugar soleado y al resguardo del viento. Los cultivares más altos pueden necesitar un tutor. Siembre las semillas en primavera para obtener flores en verano. Abone regularmente y riegue abundantemente cuando el calor sea intenso.

Chrysanthemum

CRISANTEMO

Probablemente, el crisantemo sea originario de China, pero fue introducido en Japón hace mucho tiempo. Es muy apreciado en los jardines y en las floristerías. Es la estrella en márgenes de finales de verano y otoño. También se utiliza como flor ornamental duradera. El crisantemo se ha trasladado al género *Dendranthema*, aunque el nombre todavía no se ha sedimentado. Existen cuatro tipos que hay que tener en cuenta: el coreano (por ejemplo, «Yellow Starlet»), que tiene un prolongado período de floración, pero no soporta la excesiva humedad invernal (conserve en el interior frente a condiciones severas); «Mei Kyo», enano, de macizos arbustivos y un mar de redondeadas flores; *rubellums* (denominados híbridos o *C. rubellum*), que forman matas y son más resistentes con una base leñosa, aunque tampoco soportan la humedad excesiva, y los «Pennine», que se cultivan tanto para arriates como por sus flores. Los crisantemos están disponibles en el mercado en una amplia gama de colores y formas y pueden obtenerse por división de la raíz o por esquejes en primavera.

El crisantemo requiere abundante materia orgánica para conseguir los mejores resultados, además de pleno sol y protección frente al viento. Pode los brotes cuando la planta alcance 10-15 cm y continúe podando las yemas laterales hasta que la planta alcance un gran tamaño. Si se desea menos flores pero más grandes, es posible eliminar los botones más pequeños a medida que se desarrollen. Los hongos pueden constituir un problema en condiciones de humedad excesiva: riegue a primera hora de la mañana y evite el exceso de agua. Una vez las flores se hayan marchitado, corte los tallos, trasplante y abone. Los tipos de resistencia media pueden ubicarse al resguardo de las heladas durante el invierno.

Clematis

CLEMÁTIDE

Existen, como mínimo, 200 especies, caducifolias y perennifolias, e innumerables cultivares e híbridos de clemátide, la más popular entre las trepadoras. En su mayoría son originarias del hemisferio norte. Muchas clemátides, especialmente *C. alpina* y *C. macropetala*, constituyen unas excelentes plantas para maceta, siempre que ésta sea lo suficientemente grande, ya que crean un extenso sistema de raíces. Lo ideal es elegir una maceta de, como mínimo, 45 x 45 cm y llenarla con un sustrato de buena calidad, como John Innes n° 3. La clemátide necesita un buen drenaje. Manténgala siempre húmeda y abone regularmente, como mínimo, una vez por semana con un abono líquido universal. Tutore la planta y le recompensará con un gran número de flores en primavera o verano, dependiendo de la variedad. A ser posible, proporcione una ligera sombra a la maceta, ya que la clemátide necesita mantener frescas las raíces.

Superior: Coronado, clemátide
Inferior: Crisantemo

Coleus
CÓLEO

De las 60 vivaces arbustivas, en ocasiones suculentas, de este género originario de Asia y África tropical, sólo se cultivan unas pocas. *Coleus blumei* (en la actualidad *Solenostemon scutellarioides*) es el más conocido y es una popular planta de maceta que se cultiva por su colorido follaje. Tiene muchos cultivares de hojas con frecuencia multicolores. Por regla general, se cultiva como anual y también se planta en el exterior en arriates durante el verano. Prefiere el pleno sol. Puede cultivarse a partir de semillas, pero su propagación es más fácil mediante esquejes tiernos en primavera y verano. Requiere un sustrato fértil y bien drenado y abundante agua cuando hace calor. Pode los brotes superiores para favorecer el hábito arbustivo.

Cosmos
COSMOS

Presenta un follaje finamente dividido, a modo de plumas, y unas grandes flores tipo margarita de hasta 150 cm de alto, aunque existen variedades más pequeñas para cultivar en maceta. Las variedades de *Cosmos bipinnatus* tienen flores rojas, rosas, púrpura o blancas, mientras que las de color amarillo, naranja y escarlata corresponden a las variedades de *Cosmos sulphureus*. Siembre las semillas en otoño o primavera, poco cubiertas, para disfrutar de sus flores tipo margarita en verano y principios de otoño. Estas plantas necesitan pleno sol y protección frente al viento, pero no son exigentes en cuanto al abono. Riegue abundantemente en tiempo de sequía. Pode los brotes para favorecer un crecimiento vigoroso.

Superior: Cóleo, ciclamen
Inferior: Cosmos, narcisos

Cyclamen
CICLAMEN

Los ciclámenes forman un atractivo grupo de plantas apreciadas por su belleza y, en su mayoría, marmóreo follaje y originales flores de pétalos en forma de flecha y ligeramente retorcidos. Algunos ciclámenes florecen en otoño o invierno, mientras que otros lo hacen a finales de invierno y primavera. Originarios de algunas partes de Europa y los países mediterráneos, todos comparten la necesidad de permanecer preferentemente secos durante el período de reposo. Los tubérculos originales aumentarán mucho de tamaño y aparecerán muchas plantas nuevas a partir del autosembrado de las semillas. El ciclamen aportará color al jardín en otoño y principios de invierno y producirá una sucesión de flores que, con frecuencia, durará 2-3 meses. Necesitan un sustrato rico en humus y bien drenado, a pleno sol o en semisombra. Riegue alrededor del borde de la maceta o introduzca la maceta en un balde con agua.

Narcissus
NARCISO

Probablemente, los narcisos son los bulbos más conocidos y más ampliamente cultivados y, para muchos, son el verdadero indicador de la llegada de la primavera. Su color más conocido es el amarillo, pero también existen flores en tonos blancos, crema, naranja y rosa. Con frecuencia, la trompeta es de diferente color que los pétalos y puede ser bicolor. Plante los bulbos en otoño a unos 10 cm de profundidad. Reduzca el riego hasta que empiece el período de crecimiento. La planta necesita protección, pleno sol o semisombra. Florece desde principios de primavera hasta principios de verano. Abone después de la floración y riegue con regularidad hasta que el follaje muera.

Dahlia

DALIA

La dalia es una vivaz de floración estival y otoñal de vivos colores, con flores de variadas tonalidades y formas, y con muchas variedades ideales para su cultivo en maceta. Los tubérculos pueden mantenerse durante todo el invierno en un lugar a salvo de las heladas y plantarse todas las primaveras en un sustrato enriquecido con materia orgánica a 8-10 cm de profundidad. Excepto que se trate de las formas enanas, al plantar debe colocarse un tutor. Después del riego inicial, riegue moderadamente hasta que la planta alcance una altura de 10-15 cm. A partir de ese momento debe regarse y abonarse con regularidad. Corte la guía para favorecer la ramificación. Los caracoles son un problema. Las dalias pueden propagarse mediante semillas o como plantones.

Hemerocallis

AZUCENA EFÍMERA

De fácil cultivo en distintas condiciones, la azucena efímera es una planta que no causa problemas, con flores sencillas o dobles. Cada flor dura sólo un día, pero la floración se prolonga durante un largo período de tiempo. Se encuentra una gran variedad de colores, entre los cuales destacan los tonos de amarillo, naranja, rojo, magenta y púrpura. En el mercado existe un gran número de maravillosos y atractivos híbridos. Las matas de follaje herbáceo pueden alcanzar una altura entre 25 y 100 cm; algunas son perennifolias, mientras que otras mueren en invierno. La planta crece mejor a pleno sol y en un suelo húmedo y fértil. Aunque son sorprendentemente tolerantes a la sequía, responden al agua cuando hace calor. Una mata necesita una maceta de 25-30 cm. Divida las matas en invierno o principios de primavera.

Bellis perennis

BELLORITA

El nombre de este género procede del latín *bellus*, que significa «bello», y, ciertamente, se trata de una vivaz muy atractiva, aunque en muchos jardines de clima frío se considera una mala hierba. Las flores se abren según la intensidad de la luz. Estas plantas se han cultivado durante siglos y, con frecuencia, se encontraban en los jardines ingleses junto a los ranúnculos. Hoy en día son plantas populares para rocallas, arriates o macetas. Aunque vivaces, generalmente se cultivan como bianuales. Siembre las semillas a principios de verano o divida la planta después de su floración primaveral. Cultive a pleno sol o en semisombra en un suelo fértil y bien drenado.

Híbridos de Iris xiphium

LIRIO ESPAÑOL

El grupo de *Iris xiphium*, de floración estival, es muy popular y fácil de cultivar. Comprende los lirios holandeses, que florecen a principios de verano, con flores de color blanco, amarillo o azul, y con marcas contrastadas; los lirios ingleses, que florecen desde principios a mediados de verano, en tonos blancos, azules y púrpuras, y los lirios españoles, que florecen a mediados de verano en varios tonos de blanco, azul, púrpura y amarillo. Ubíquelos a pleno sol y al resguardo del viento. Tenga cuidado de no regar en exceso durante el período de crecimiento, pero riegue con regularidad cuando se formen los capullos. En las zonas más cálidas, los lirios pueden verse afectados por la enfermedad *iris ink*, que provoca la aparición de líneas negras en el bulbo y manchas amarillas en las hojas. Los bulbos deben destruirse.

Superior: Dalia, bellorita
Inferior: Azucena efímera, lirio español

Calceolaria

ZAPATILLA

Procedente del latín *calceolus*, que significa «zapatilla», el nombre de este género hace referencia a sus curiosas flores en forma de zurrón, cuyos colores oscilan del rojo intenso al amarillo, el rosa y el malva, con manchas y marcas contrastadas. Las grandes y arrugadas hojas son también muy atractivas. La hibridación ha dado como resultado flores más bonitas, así como muchos y maravillosos colores. Los híbridos de calceolaria, de flores grandes, se cultivan mayoritariamente como anuales o bianuales en invernaderos a bajas temperaturas. Requiere un sustrato rico y bien drenado y luz intensa sin sol directo y un riego regular. No obstante, debe evitarse que el sustrato esté excesivamente húmedo. Protéjala contra el pulgón.

Scaevola

ABANICO

La mayor parte de las alrededor de 90 especies de pequeños arbustos, vivaces y parras que pertenecen a este género es originaria de Australia, aunque algunas se encuentran en regiones subtropicales y tropicales de Asia, Polinesia, África y América. Muchas de las especies australianas cultivadas presentan unas características flores azules en forma de abanico, con los cinco pétalos alineados sólo en uno de los lados. Aparecen profusamente durante varios meses, aunque principalmente en primavera y verano. Constituye una planta excelente para composiciones grandes, rocallas y como rastrera en terraplenes, y también puede cultivarse en maceta. Las *Scaevola* susceptibles a las heladas están adquiriendo cada vez más popularidad como planta para

arriates de verano y para composiciones estivales en balcones y patios o en macetas colgantes. También pueden cultivarse en un invernadero a bajas temperaturas. Adquiera las plantas jóvenes en centros especializados para disfrutar de sus flores en verano e incluso en otoño. Abone muy poco o incluso nada y riegue con regularidad cuando haga calor, pero permita que el sustrato se seque un poco entre riegos.

Felicia

FELICIA

Se trata de una vivaz arbustiva y poco resistente que, generalmente, se cultiva como anual por sus flores tipo margarita de color azul intenso, con el centro amarillo y de tallo largo, que florecen desde finales de primavera hasta otoño. Siembre las semillas o adquiera plantas jóvenes en primavera. Muchas especies no toleran las heladas y requieren permanecer en el interior o en un invernadero en las zonas de clima más frío. Servirá cualquier sustrato bien drenado, pero deben cultivarse a pleno sol para que la floración sea óptima. Aunque tolera bien la falta de agua, en los períodos de sequía necesita un riego abundante y ocasional. Pode una vez pasada la primavera y elimine las flores marchitas para favorecer la floración. Propague a partir de semillas o esquejes. Recorte regularmente para evitar un crecimiento desordenado.

Superior: Zapatillas, abanicos
Inferior: Felicia

Ageratum
AGÉRATO

El agérato, una anual de resistencia media que forma cúmulos, presenta flores vellosas y longevas de color azul, rosa, blanco o bicolor, por ejemplo, azul y blanco. Las variedades enanas crecen hasta los 15 cm. Las variedades altas se utilizan en márgenes y para flor ornamental y alcanzan los 90 cm. Siembre las semillas en primavera. Prefiere el terreno bien drenado y enriquecido con estiércol fermentado o compost antes de la plantación. En maceta, utilice un sustrato universal y asegúrese de que el drenaje es el adecuado. Retire las flores secas con regularidad para conservar la floración y no permita que se seque, ya que, de otra manera, la floración disminuirá.

Myosotis
NOMEOLVIDES

Los nomeolvides producen hileras de flores en tonos rosa, azul o blanco a partir de principios de primavera. Combinan bien con bulbos como los tulipanes, que aparecen entre las flores de nomeolvides. Cultívela como una bianual resistente y utilice las variedades más pequeñas, como «Blue Ball», que alcanzan 15 cm, en jardineras y macetas primaverales. Puede adquirirse como planta joven en otoño, aunque también se propaga con facilidad en verano a partir de semillas para disfrutar de su floración primaveral. Prefiere las ubicaciones en semisombra. Responde especialmente bien al sustrato mezclado con abundante compost o estiércol fermentado, ya que de este modo se asegura una tierra húmeda. Al plantar las macetas en otoño, es importante asegurarse de que el drenaje es el adecuado y de que se utiliza un sustrato universal.

Digitalis
DEDALERA

La dedalera es imprescindible en cualquier «jardín rústico» con sus altas espigas de flores con frecuencia de intensos colores. Crece prácticamente en cualquier suelo y ubicación, aunque su crecimiento es variable en estas condiciones extremas y crecerá mejor en semisombra, en un terreno con humedad media y bien drenado. Siémbrela en verano para disfrutar de sus flores a principios del verano siguiente. Abónela y riéguela en primavera. En terrenos especialmente áridos, aporte un acolchado primaveral protector. Los caracoles pueden suponer un problema. El follaje puede ser irritante para la piel y todas sus partes son tóxicas.

Freesia
FRESIA

Las fresias son apreciadas por su intenso aroma, así como por su aspecto. Las especies silvestres tienen flores amarillas o blancas y pueden alcanzar unos 30 cm de alto; los híbridos modernos crecen hasta los 45 cm o más y en el mercado se encuentran en una amplia gama de colores, entre los que se incluyen el azul, el malva, el rosa, el rojo y el púrpura. Plante los bulbos a 3-4 cm de profundidad en otoño para disfrutar de sus flores en primavera. Ubíquela a pleno sol, pero no abone hasta después de la floración y no riegue en exceso. Para conseguir flores en invierno, plántela en macetas en verano y ubíquelas en un lugar protegido en el exterior hasta otoño y, posteriormente, introdúzcalas en un invernadero de temperatura fría para que florezcan. Utilice un sustrato con un buen drenaje.

Superior: Agérato, dedalera
Inferior: Nomeolvides, fresia

Gazania

GAZANIA

Las gazanias se presentan en una atractiva gama de vivos colores, desde los rosa pastel hasta el crema, el rojo intenso y el caoba. Todas ellas presentan un centro perfectamente contrastado. Las gazanias se cultivan como anuales de resistencia media a partir de las semillas plantadas en primavera y se utilizan en arriates y en macetas de estilo rústico. Las flores tienden a cerrarse cuando el cielo está encapotado, pero las variedades más recientes, como «Daybreak Bright Orange», se mantienen abiertas durante más tiempo. Crecen hasta los 30 cm de alto y ancho y prosperan en jardines costeros. Siembre las semillas en primavera, compre plantones o divida las matas ya existentes. Elija macetas o jardineras de barro y utilice un sustrato con base de tierra mezclado con arena gruesa para asegurar un buen drenaje en todo momento. Riegue las gazanias únicamente cuando la tierra o el sustrato esté seco y conserve las macetas bajo cubierto durante las lluvias estivales prolongadas. La planta requiere escasos cuidados una vez establecida, pero las flores estivales durarán más con riego regular.

Pelargonium

GERANIOS

Los geranios (locales y de hoja como la hiedra) se propagan fácilmente a partir de esquejes tomados en primavera o en otoño. Florecen mejor a pleno sol y soportan los períodos de calor y sequía. Siembre las semillas a principios de primavera o adquiera plantones o plantas jóvenes en macetas de 9 cm. No riegue en exceso o utilice demasiado abono, ya que con ello se favorece el crecimiento blando y el exceso de savia.

Superior: Gazania, gramíneas y juncos
Inferior: Geranios

Sus brillantes y alegres flores aparecen principalmente en verano, aunque puede seguir floreciendo durante un período más amplio, y algunos tienen un bello follaje manchado. Son ideales para el cultivo en maceta y perfectos para el alféizar de una ventana. El crecimiento desordenado puede corregirse cortando los tallos hasta un tercio de su altura o incluso más. Elimine las flores marchitas para estimular la floración. Es probable que la planta tenga que introducirse en el invernadero durante el invierno, por lo que deberá podarse hasta los 12 cm para después trasplantarse. Los geranios tienen tendencia a desarrollar enfermedades fúngicas y roya. Elimine las hojas afectadas, evite el exceso de riego y riegue a primera hora de la mañana. Puede ser necesario pulverizarlos con fungicida. Vigile la presencia de orugas.

Gramíneas y juncos

Los jardineros emplean cada vez más el potencial de las gramíneas y juncos ornamentales en los jardines, y el cultivo en macetas no es una excepción. Muchas variedades crecen bien en maceta y sus largas y arqueadas hojas aportan una dimensión adicional a cualquier diseño. Asimismo, pueden añadir movimiento y sonido, ya que las hojas se agitan con la mínima brisa. Las hierbas y juncos que forman matas son ideales para su cultivo en maceta, pero las jardineras también constituyen un medio de cultivo para algunas de las especies más expansivas que lo más probable es que sobrepasen los arriates y márgenes del jardín. Para un efecto duradero deben elegirse variedades de follaje colorido; existen muchas formas de hojas variegadas en tonos plateados o dorados. Asimismo, algunas hierbas desarrollan espigas florales en forma de plumero o pluma muy decorativas, y que conservan su atractivo incluso en el más crudo invierno.

Muscari
NAZARENO

Vigoroso y de cultivo fácil, el nazareno presenta flores de color azul y de intensidad variable. En el mercado existen diversas especies y conocidas variedades, incluido el jacinto doble «Blue Spike» y el jacinto en forma de plumero «Plumosum». *Muscari aucheri* (*M. tubergenianum*) es conocido como «Oxford and Cambridge» porque tiene flores de color azul pastel en la punta de la espiga y azul intenso en la base, reminiscencia del color del uniforme de estas universidades inglesas. Los nazarenos constituyen un contraste perfecto para otros bulbos de floración primaveral como los tulipanes o los ranúnculos. Sus flores son ligeramente aromáticas y tienen un tallo de unos 10-20 cm de alto. Plante los bulbos a una profundidad de 4 cm en otoño para disfrutar del espectáculo primaveral de sus densas espigas florales. Prefiere una ubicación soleada en un suelo bien drenado. Reduzca el riego hasta que empiece el crecimiento, inicie el abonado después de la floración y permita que el follaje muera.

Viola tricolor
PENSAMIENTO

Viola tricolor es el pensamiento silvestre. Habitualmente se cultiva como una anual resistente, pero también puede tratarse como una bianual. Más delicada que los emparentados pensamientos, esta planta es ideal para arriates de estilo rústico y para macetas de parterre. En el mercado se encuentran algunas variedades de un solo color, como la rara «Bowles' Black», de flores negras con un «ojo» central amarillo. Las semillas pueden sembrarse en verano para obtener una floración en primavera (se siembra espontáneamente), tanto al sol como a la sombra. No es necesario preparar el suelo en exceso,

aunque debe estar bien drenado. Para su cultivo en maceta lo mejor es un sustrato universal.

Hyacinthus
JACINTO

Los jacintos de dulce aroma son apreciados tanto en el jardín como en maceta. Se cultivan ampliamente con fines comerciales, como flor ornamental o como como planta de maceta. El tallo floral puede alcanzar una altura de 15 a 30 cm y su color oscila de varios tonos de azul y rosa al blanco, crema o amarillo. Las flores individuales se agrupan densamente alrededor del tallo, formando una inflorescencia de aspecto sólido. Habitualmente, los bulbos florecen mejor durante el primer año; posteriormente producen menos flores. Plante el bulbo a 5 cm de profundidad en otoño para tener flores en primavera. Prefieren una ubicación abierta y soleada o en semisombra. Reduzca el riego hasta que se inicie el crecimiento y después riegue con regularidad. Después de la floración corte las flores marchitas, utilice abono para bulbos y riegue con regularidad hasta que las hojas caigan.

Anemone hupehensis
ANÉMONA JAPONESA

Esta vivaz herbácea es una de las estrellas del jardín otoñal. Las flores pueden ser de un solo color o de dos colores, como el blanco o el rosa pastel o intenso. Algunos la consideran invasiva, pero puede arrancarse fácilmente y un grupo en plena floración constituye una verdadera maravilla. Divida las plantas en primavera. Ubíquela a la sombra o en semisombra y al resguardo del viento.

Superior: Nazareno, jacinto
Inferior: Pensamiento, anémona japonesa

Glossfeldiana

KALANCHOE

Para la mayoría de la gente se trata de una conocida planta de flor para maceta. Tiene unas hojas festoneadas y carnosas de color verde oscuro, con frecuencia con el borde rojo. Las especies originales presentan flores de color escarlata intenso. Se ha hibridado ampliamente y, hoy, existen formas de flores blancas, amarillas y de varios tonos de rosa. Puede existir cierta variación del color dependiendo del aspecto y las condiciones climáticas, especialmente cuando las flores comienzan a marchitarse. Algunas de color rosa intenso tienden a volver a las especies escarlata. Necesita sol durante gran parte o todo el día y es preferible que el sustrato se seque.

Anigozanthos

FALSA ADELFA

Todas las especies de esta fascinante planta provienen de Australia occidental. En el mercado pueden encontrarse numerosas especies, como *A. manglesii*, *A. flavidus* y otros de los múltiples híbridos que se han creado. Sus curiosas flores lanudas en forma de garra florecen durante un largo período en varios momentos del año y se presentan en una espectacular gama de colores que oscilan del naranja, rosa y amarillo a varios tonos de verde y rojo. En el jardín puede atraer a los insectos. Todas las especies pueden cultivarse como plantas de arriate o de maceta en el invernadero. Esta flor de aspecto exótico requiere una ubicación muy cálida y debe contar con un drenaje perfecto, pleno sol y una adecuada circulación del aire. El sustrato se debe secar entre riego y riego y se debe abonar poco o nada.

Superior: Kalanchoe, betónica
Inferior: Anigozanthos, eléboro

Stachys bizantina

BETÓNICA

Stachys bizantina es una vivaz perennifolia de crecimiento lento, utilizada con frecuencia como planta de arriate o en jardineras. Independientemente del lugar donde se planta, debe estar a pleno sol y contar con un excelente drenaje. Las hojas están densamente cubiertas de pelos. Produce flores de color rosa purpúreo en espigas que se yerguen por encima del follaje. La excepción la constituyen *Stachys macrantha* «Robusta» y *S. officinalis*. «Cotton Ball» presenta flores lanudas ideales como flores secas. La planta alcanza los 15-20 cm de altura. Requiere un suelo que drene con rapidez. Crece bien en suelos pobres arenosos o con grava. Evite ante todo los suelos arcillosos, espesos, húmedos y pesados.

Helleborus

ELÉBORO

El período de floración dependerá de las condiciones meteorológicas y locales. El cultivo perfecto de *H. niger*, el cual presenta flores de un blanco puro con el centro verde, puede ser difícil; *H. argutifolius* (sin. *H. corsicus*) y *H. orientalis* son más resistentes. *H. argutifolius* presenta unas adorables flores de color verde lima y hojas de borde dentado y espinoso, mientras que *H. orientalis* es más variable y puede presentar flores blancas, verdes, rosa o moteadas. Necesitan sombra, protección y regularidad en el riego, pero pueden vivir varios años en maceta. El sustrato debe enriquecerse con materia orgánica y debe ser capaz de retener la humedad. Las matas pueden dividirse y el eléboro se siembra espontáneamente con facilidad. Aunque se pueden sembrar las semillas cuando están maduras, los plantones tardarán tres años en florecer. Con frecuencia, los plantones producen tonos interesantes.

Lobelia

LOBELIA

Es popular como planta de maceta de macizo, donde las variedades rastreras caerán en cascada por los bordes. El color de sus flores oscila del blanco, pasando por el rosa, el malva y blanco, al azul y las espectaculares variedades bicolor, como «Riviera Blue Splash». Las variedades utilizadas para arriates alcanzan los 10-15 cm de altura y las rastreras hasta 45 cm de largo cuando están bien abonadas y la anchura es similar en todas ellas. En el mercado se encuentran variedades de *Lobelia erinus* de un solo color o de varios colores. Tiene una resistencia media. Siembre las semillas a principios de primavera para disfrutar de sus flores durante todo el verano. Cultívela a pleno sol o en semisombra. Requiere un buen drenaje, pero necesita una humedad adecuada durante toda la estación. En jardineras y macetas utilice un sustrato universal y añada gránulos de abono de liberación lenta.

Chrysanthemum frutescens

MARGARITA

Subarbusto perennifolio con hojas profundamente divididas y flores de un diámetro de hasta 5 cm. Crece hasta aproximadamente 1 m. Se han producido muchos híbridos en una amplia gama de colores y formas. Crece fácilmente a partir de esquejes tomados durante todo el año, excepto en invierno. Produce un gran número de flores en primavera, verano y otoño. Prefiere el pleno sol. Retire las flores marchitas para prolongar la floración y pode la planta drásticamente después de la floración. En climas cálidos, la planta se hace leñosa, de manera que es mejor podarla con regularidad y propagarla cada dos o tres años.

Tagetes

DAMASQUINA

La «familia» de la damasquina está formada por los tipos africano y francés, así como por los tagetes. Todos son anuales de resistencia media y fáciles de cultivar. El tamaño oscila desde los 15 cm de las variedades enanas hasta los 90 cm de las gigantes y existen variedades de colores poco habituales, como «vainilla», e incluso variedades de pétalos rayados, como «Mr. Majestic». Utilícelas como plantas de maceta en patios y balcones. Las flores pueden ser sencillas, semi o completamente dobles y de un diámetro de hasta 8 cm. La mayoría florece a lo largo de todo el verano y el otoño. Tanto la variedad africana como la francesa pueden cultivarse a partir de las semillas sembradas en invernadero en primavera. Requieren un suelo bien drenado y pleno sol para ofrecer los mejores resultados. El riego y el abonado regular, así como la eliminación de las flores marchitas, contribuirán a mantener un período de floración prolongado.

Calendula officinalis

MARAVILLA

Anual resistente de crecimiento rápido con flores semejantes a la margarita en tonos amarillos, naranjas, rojos, rosados e incluso verdes. Las flores pueden ser completamente dobles, mientras que otras cuentan con un característico «ojo» más oscuro. Su tamaño oscila de los 30 cm hasta los 70 cm de altura y anchura. Siembre las semillas en primavera u otoño para conseguir un largo período de floración. Cultive a pleno sol. Aplique abono líquido una vez al mes para favorecer un mayor tamaño de las flores.

Superior: Lobelia, damasquina
Inferior: Margarita, maravilla

Tropaeolum
CAPUCHINA

De grandes semillas y crecimiento rápido, la capuchina es una de las anuales resistentes de cultivo más fácil. Las plantas, de sólo 20 cm de alto, son perfectas para arriates, patios y balcones. La gama de colores es muy amplia y en el mercado se encuentran plantas de un solo color o de varios colores. Si, además se desea hojas bonitas, se deberá recurrir a «Alaska Mixed», que está manchada de blanco. Siembre las semillas en primavera para disfrutar de sus flores desde principios de verano hasta principios de otoño. Siembre tres semillas en una maceta de 9 cm a principios de primavera y consérvela en un lugar cálido hasta que aparezcan los plantones. Cultívela a pleno sol y en un sustrato bien drenado, pero no abone, ya que con ello se estimulará la producción de hojas en detrimento de la producción de flores. Vigile la aparición de mosca negra, ya que adora la capuchina. El pulgón y las orugas pueden esconderse bajo las hojas.

Nemesia
NEMESIA

Ninguna variedad de nemesia crece más de 30 cm de altura, lo que la hace ideal para arriates y jardineras. Cultivada como anual de resistencia media, sus flores pueden ser de un solo color o de colores intensos y variados. Existen también buenas variedades vivaces. Es adecuada para jardineras y el alféizar de una ventana. Es de cultivo muy fácil. Siembre las semillas en primavera para disfrutar de sus flores en arriates de verano. En maceta, utilice un sustrato universal mezclado con un abono de liberación lenta. Para obtener los mejores resultados es necesario colocarla a pleno sol y al

resguardo del viento. En épocas de sequía es imprescindible regar con regularidad.

Brassica oleracea
COL ORNAMENTAL

Las coles y calabazas ornamentales se cultivan por su colorido follaje otoñal e invernal. La planta alcanza un tamaño de 30-45 cm de altura y anchura. El color de las hojas oscila del rosa al blanco y mejora con temperaturas inferiores a 10 °C. Las heladas intensas pueden afectarle. Plántela en maceta y utilice un sustrato universal; debe asegurarse de que existe un buen drenaje. Ubíquela a pleno sol y no olvide abonar las macetas de menor tamaño. Utilice un abono líquido con un elevado contenido en potasio cada quince días en verano. El abono para tomates es adecuado y favorece el color de las hojas. Vigile la presencia de caracoles y orugas.

Osteospermum
MATACABRAS

Las espectaculares flores estivales de la matacabras no se abren en la sombra o cuando el día está nublado, de manera que debe cultivarse en un lugar cálido y soleado. Muchas variedades de *Osteospermum* pueden adquirirse en primavera como planta joven, mientras que otras pueden propagarse a partir de las semillas y tratarse como anuales de resistencia media. El cultivo a partir de semillas es un método económico para obtener un gran número de plantas con rapidez. Siembre las semillas en invernadero en primavera, adquiera plantas jóvenes o propáguelas a partir de esquejes de brotes sin flores en verano y cultívelas en un sustrato para macetas bien drenado. Riegue y abone con regularidad. El pulgón puede atacar las hojas, los tallos florales y los capullos.

Superior: Capuchina, col ornamental
Inferior: Nemesia, matacabras

Viola x wittrockiana

PENSAMIENTO

Se trata de una planta resistente que florece durante casi todo el año. Existen dos grupos, las de floración estival y las de floración otoñal. Ninguna alcanza más de 20 cm de altura. Las flores son como grandes «caras» planas de hasta 8 cm de diámetro. El color varía desde los tonos pastel únicos hasta los espectaculares ejemplares bicolores y pueden adquirirse mezcladas o de un solo color. Las variedades de floración invernal son ideales para aportar colorido a las jardineras de invierno. El pensamiento crece mejor a pleno sol. Son fáciles de cultivar y no tienen necesidades especiales, aunque los pensamientos de invierno se beneficiarán de un buen drenaje.

Vinca

VINCAPERVINCA

Esta planta, de gran resistencia, tolera el sol y la sombra, pero florece con más vigor si se sitúa al sol. Las bellas flores azules o blancas aparecen desde primavera hasta finales de verano o principios de otoño. Propague la vincapervinca a partir de secciones de raíz de las plantas más viejas en verano o por división de otoño a primavera. Es preferible cultivarla a la sombra, con luz solar filtrada o con sol por la mañana y sombra por la noche. No obstante, cuanto mayor sea la cantidad de luz solar que recibe, más florecerá durante un período amplio. Tolera cualquier tipo de suelo, pero prefiere el suelo bien drenado y enriquecido con materia orgánica. No tiene necesidades especiales respecto al agua ni al abono.

Petunia

PETUNIA

Las petunias se presentan en una amplia variedad, dependiendo de si han sido cultivadas a partir de semillas o adquiridas como plantas jóvenes. Se trata de plantas vivaces de resistencia media cultivadas como anuales por su brillante despliegue de espectaculares y coloridas flores durante todo el verano. El color de la flor oscila desde los tonos únicos a las flores rayadas, punteadas u otras variaciones. Las petunias sienten predilección por las temperaturas cálidas y la sequía y odian la humedad y los veranos lluviosos. Estas vigorosas plantas rastreras de floración exuberante florecen de primavera a otoño. No riegue en exceso. Mezcle gránulos de abono de liberación lenta con sustrato para macetas. Causan pocos problemas, pero los caracoles las adoran. Destruya las plantas con hojas con manchas o retorcidas, afectadas por virus.

Phlox

FLOX

El flox anual es una planta versátil que puede utilizarse en arriates, jardineras o como flor ornamental. Se trata de una planta anual de resistencia media que crece entre 10 cm y 45 cm de altura, dependiendo de la variedad; las más altas son más apropiadas para flor ornamental. El color de las flores oscila del azul de «Bobby Sox» a los variados tonos de «Tapestry», que también es perfumada. Las flores son longevas y la planta necesita escasos cuidados. Siembre las semillas del flox en primavera para disfrutar de sus flores en verano y en otoño. Ubíquela a pleno sol o en semisombra. Debe regarse y abonarse bien durante el período de crecimiento. Pode drásticamente después de la primera floración.

Superior: Pensamiento, petunia
Inferior: Vincapervinca, flox

Dianthus

CLAVELES

Los claveles son un cruce entre *D. caryophyllus* (clavel silvestre) y *D. plumarius* (clavel de campo). El vivero de los hermanos Allwood, en West Sussex, en Inglaterra, ha aportado un gran número de cultivares de floración profusa cuando se cultivan en las condiciones adecuadas. El follaje verde grisáceo crece formando una mata copetada y tallos florales de 10-30 cm de largo. La mayoría de las flores están intensamente perfumadas y pueden ser de un solo color o bicolores, algunas con un marcado borde de colores que contrastan. En su mayor parte son blancas, rosas, rojas, de color carmín intenso o salmón. Los claveles anuales deben sembrarse en primavera, simplemente cubriendo las semillas, para disfrutar de sus flores desde el verano hasta principios de otoño. Los claveles necesitan pleno sol y un abonado regular. No riegue en exceso. Pueden podarse después de la floración, pero con frecuencia el nuevo crecimiento es poco satisfactorio. Los claveles de campo vivaces pueden cultivarse a partir de esquejes en primavera y verano o mediante división de las matas en primavera.

Existen muchas variedades conocidas que florecen a finales de primavera o en verano. Muchas de las variedades más nuevas florecen en dos o tres tandas en verano. Requieren pleno sol y un buen drenaje. Un poco de cal en el sustrato puede resultar beneficiosa. La planta puede malograrse en los veranos húmedos y lluviosos.

Primula x polyantha

PRIMAVERA

La primavera es perfecta para su cultivo en maceta y crea espectaculares composiciones primaverales. Sus flores, de vivos colores, de hasta 5 cm de diámetro y un tallo de 15-30 cm de altura, aparecen entre la mata compacta de arrugadas hojas verdes. Vivaz resistente, se cultiva como una bianual. Se encuentra fácilmente como planta joven. El cultivo de primavera a partir de semillas puede constituir un proceso lento, de manera que es preferible adquirir la planta en flor en invierno y alargar la floración durante la primavera mediante la eliminación de las flores marchitas. Prefiere la sombra o la semisombra y la humedad, aunque sin encharcamientos. Vigile la presencia de caracoles y utilice abono líquido mensualmente.

Portulaca

PORTULAGA

Estas plantas suculentas están muy extendidas en las zonas tropicales y cálidas del planeta. La mayor parte de las 40 especies existentes son anuales, pero algunas son vivaces. Las carnosas hojas dispuestas en verticilo, así como las flores, tienen forma de copa con pétalos de borde ondulado, en rojo, rosa, amarillo y blanco. Las flores, de 5 cm, se abren con el sol, aunque las variedades modernas se abren aunque el día esté encapotado. Crece en suelos pobres y secos. Siembre las semillas en un invernadero a principios de primavera y plante en esta estación del año. La planta florecerá a lo largo del verano y el otoño. No riegue o abone en exceso. Los plantones se malograrán si el sustrato se mantiene demasiado húmedo. Si esto ocurre, pulverice ligeramente las macetas con un fungicida a base de cobre.

Superior: Claveles, portulaga
Inferior: Primavera

Salvia

SALVIA

Tanto las salvias variegadas que se cultivan por su colorido follaje como las salvias que se cultivan por sus espigas de vibrantes flores son interesantes. Habitualmente, *Salvia splendens* se cultiva como anual y debe sembrarse en primavera para disfrutar de sus flores, de un intenso color escarlata, en verano y otoño. Ubíquela en un lugar cálido a pleno sol. Pode la planta después de su primera floración para obtener una segunda tanda de flores.

Antirrhinum

BOCA DE DRAGÓN

Habitualmente se cultiva como anual de primavera a otoño por su despliegue de coloridas espigas de flores tubulares o en forma de trompeta. La gama de colores es amplia y existen también con flores bicolor y dobles. Las flores de las variedades más antiguas se abren cuando se presionan por los lados, motivo por el que reciben el nombre de «boca de dragón». Se cultivan como anuales de resistencia media. Siembre las semillas bajo techo en primavera o adquiera los plantones o las plantas jóvenes en flor. En jardineras, utilice un sustrato universal y asegúrese de que drena bien. Mezcle abono de liberación lenta con el sustrato antes de la plantación. De la semilla a la flor pasan entre cuatro y cinco meses. Ubique la planta a pleno sol y al resguardo del viento y abone cada mes si desea obtener los mejores resultados. Los plantones tienen tendencia a malograrse con la humedad, por lo que las macetas deben rociarse con un fungicida a base de cobre. La roya puede constituir un problema en condiciones de humedad. Elija una variedad resistente, como «Monarch Mixed» o utilice un pulverizador que contenga penconazol a intervalos regulares. Riegue a primera hora y evite el riego excesivo.

Limonium

Las variedades anuales de *Limonium* alcanzan los 90 cm de altura y tienen unos peculiares tallos con alas. Las verdaderas flores son pequeñas, pero *Limonium* se cultiva por sus brácteas de consistencia de papel de color púrpura, blanco, rosa, albaricoque, amarillo o azul, que persisten todo el verano y pueden utilizarse como flores ornamentales y secas. Necesitan pleno sol y un drenaje perfecto y, una vez establecidas, toleran la sequía y los vientos salobres. Las longevas flores estivales-otoñales se secan bien en un jarrón. La planta puede pudrirse en un suelo pesado y húmedo y el mildiu puede atacar las hojas a finales de verano, pero raramente constituye un verdadero problema.

Superior: Salvia, boca de dragón
Inferior: Limonium

Helianthus

GIRASOL

Los girasoles oscilan en altura desde los 45 cm a los 4 m, dependiendo de la variedad cultivada. Pueden utilizarse en arriates, en jardineras, como flor ornamental o cultivarse como tradicionales «gigantes» de varios centímetros de altura. La planta produce inflorescencias únicas o múltiples y la gama de colores es muy amplia. «Teddy Bear» presenta peludas flores dobles. Los girasoles anuales son completamente resistentes y florecen a partir de mediados de verano. Algunas variedades, como «Prado Sun & Fire» han sido creadas sin polen, lo que las hace ideales como flor ornamental para interiores. Las inflorescencias que se dejan en el patio en otoño proveen de alimento a los pájaros. Necesitan una ubicación a pleno sol y abierta. En macetas y jardineras, utilice sustrato universal mezclado con abono de liberación lenta. Habitualmente, no es necesario abonarlos más, pero cuando se produce una ola de calor deben regarse con regularidad. Limacos y caracoles pueden atacar a las plantas jóvenes cortándolas a nivel del suelo.

Brachycome

BRACHICOME

Brachicome está cubierto de numerosas flores semejantes a la margarita y es adecuado para arriates y macetas colgantes o jardineras de patio. Las hojas, de delicado aspecto, son de color verde claro y plumosas. La planta alcanza 22 cm tanto de altura como de anchura. Eleja un color único o una mezcla. Brachicome puede plantarse en primavera, antes de las últimas heladas, y tolera breves períodos de sequía. Es una anual de resistencia media. Se propaga bien a partir

Superior: Girasol, guisantes de olor
Inferior: Brachicome

de esquejes o de semillas sembradas en primavera. Necesita una ubicación a pleno sol, debe evitarse el exceso de riego y precisa muy poco o nada de abono. Tutore las plantas cuando sea necesario. Controle los limacos. Pode la planta después de la primera floración para estimular el crecimiento arbustivo y la floración continua.

Lathyrus odoratus

GUISANTES DE OLOR

En los catálogos de semillas, las variedades de guisantes de olor ocupan varias páginas, pero existen dos grupos básicos: los trepadores altos, que alcanzan entre 1,5 y 2,5 m, y que se utilizan para flor ornamental y como pantalla, y las variedades enanas de «patio», que pueden alcanzar hasta 90 cm y que se utilizan para macetas colgantes y jardineras. No todos los guisantes de olor están perfumados, de manera que es necesario informarse antes de comprar las semillas y elegir una variedad mixta perfumada, con flores de una amplia gama de colores, como el blanco, el rosa, el rojo, el malva, el naranja o el azul, así como muchos punteados o con otros diseños.
Los guisantes de olor son anuales resistentes de fácil cultivo. Siembre las semillas a 1,25 cm de profundidad en otoño o primavera para disfrutar de sus flores desde verano hasta principios de otoño. Antes de la siembra las semillas pueden ponerse en remojo durante toda la noche para ayudar a su germinación. Riegue bien inicialmente y después reduzca el riego hasta que aparezcan los plantones; una vez los plantones empiecen a crecer, riegue con regularidad. Utilice abono líquido cada siete o diez días. Plante a pleno sol, tutore y confiera protección contra el viento. Retire las flores marchitas para prolongar la floración. Los tipos enanos, como «Bijou», son más apropiados para jardineras. El oídio puede atacar las hojas en verano; pulverice con un producto que contenga azufre.

Dianthus barbatus

CLAVEL DE POETA

Los claveles de poeta son variedades de *Dianthus barbatus* y presentan flores de colores rosa, blanco, rojo, borgoña e incluso bicolores, grandes y redondeadas. Con frecuencia, las flores presentan un «ojo» central más oscuro. La planta forma matas de hasta 45 cm, mientras que las formas enanas crecen sólo hasta los 15 cm. Las flores aparecen desde primavera hasta principios de verano y son perfumadas e ideales como flor ornamental. Se propaga fácilmente a partir de las semillas como bianual resistente y es adecuada para arriates y como manchas de color primaveral en bordes mixtos. Algunas variedades menos conocidas, como «Sooty», presentan flores oscuras, casi negras. Siémbrelos en verano para disfrutar de sus flores en la primavera del siguiente año o en un invernadero en marzo para disfrutar de las flores ese mismo año. Cultive a pleno sol, asegure un buen drenaje y no riegue en exceso. Abone cada mes durante el período de mayor crecimiento. Un drenaje insuficiente durante la noche puede matar la planta. Si las hojas se ven atacadas por la roya, trátelas con un producto que contenga el fungicida penconazol. Elimine las flores marchitas para poder disfrutar de una segunda floración. Las formas enanas son especialmente adecuadas para su cultivo en maceta.

Nicotiana

TABACO DE FLOR

No se cultiva por el tabaco, sino por sus flores tubulares. Elija entre las modernas variedades enanas, que alcanzan 30 cm de altura y presentan flores que miran hacia arriba, y que son ideales para arriates y contenedores. Algunas desprenden perfume por la noche. Las flores pueden ser desde rosas hasta verde lima. Se trata de una anual de resistencia media. Se encuentra como planta joven en una amplia selección de variedades. Siembre las semillas en primavera y cultive a pleno sol o en semisombra en un sustrato rico. Abone con regularidad o añada abono de liberación lenta al sustrato. Utilice un producto que contenga pirimicarb contra el pulgón. Destruya las plantas atacadas por virus que presentan hojas arrugadas o manchadas.

Tulipa

TULIPÁN

Existen más de 100 especies de tulipán y cientos y cientos de híbridos. La mayor parte de los tulipanes modernos son el resultado de extensos programas de reproducción que empezaron a finales del siglo XVI en Europa y que han continuado hasta la actualidad. En esa época, cuando un gran número de especies eran introducidas en Europa desde Turquía, Irán y Asia central, los tulipanes hacían furor. La altura de las especies de tulipán oscila entre los 15 y los 60 cm, pero la mayor parte de los híbridos se encuentran probablemente entre los 30 y los 40 cm. Los tulipanes son más espectaculares cuando se plantan en grupo de un solo color. Son unas magníficas plantas para maceta y estupendas flores ornamentales. Algunos de los más elegantes son los tipos enanos, que son especialmente adecuados para rocallas, aunque también son apropiados para su cultivo en maceta. Con una selección cuidadosa es posible contar con un tulipán en flor desde principios hasta muy entrada la primavera. Plante los bulbos a 6 cm de profundidad en otoño para disfrutar de sus flores en primavera. Precisan pleno sol y protección contra el viento. Riegue ligeramente hasta que aparezcan las hojas y, después, con mayor regularidad, pero nunca permita que el sustrato permanezca demasiado húmedo.

Superior: Clavel de poeta, tabaco de flor
Inferior: Tulipán

Verbena

VERBENA

La mayoría de las verbenas alcanzan 15-30 cm de altura y son apreciadas por sus cabezuelas de brillantes flores. Los tonos mixtos o únicos, como «Peaches & Cream», se utilizan en macetas o arriates. Cultívelas a partir de semillas (aunque es difícil) o adquiera plantas jóvenes. La mayor parte de las verbenas rastreras no se propagan a través de semillas, sino que se adquieren como planta cultivada en los centros de jardinería en primavera. Plante a pleno sol, con un buen drenaje. En maceta, utilice un sustrato universal. No riegue ni abone en exceso. Vigile la presencia de caracoles. El oídio puede atacar las hojas.

Viola

VIOLETA

Las violetas son más pequeñas que los pensamientos, pero no menos prolíficas, y lo que les falta en tamaño lo suplen con carácter. La mayor parte son variedades de *Viola cornuta* y todas son bastante resistentes. Su siembra tiene lugar en primavera o verano. Cultive violetas de un solo color o mezclas como «Bambini» o la rastrera «Sunbeam», de color amarillo, en macetas colgantes. La violeta alcanza alrededor de 15 cm de altura, lo que la convierte en una pequeña planta ideal para arriates o macetas. Queda muy bien en cestos de mimbre de estilo rústico. Siembre las semillas en otoño o primavera para disfrutar de sus flores en primavera y verano. Pode las puntas para favorecer el hábito arbustivo. Riegue con regularidad cuando la primavera sea seca y abone regularmente una vez establecida. Elimine las flores marchitas con el fin de prolongar el período de floración.

Superior: Verbena, alhelí
Inferior: Violeta, glicina

Cheiranthus

ALHELÍ

El alhelí presenta unas flores perfumadas de color amarillo, pardo, crema, rojo y naranja y se cultiva por su dulce aroma primaveral. Esta resistente bianual crece entre 20 y 45 cm. La planta se utiliza para arriates, pero también puede emplearse en jardineras. Propague mediante semillas en verano o adquiera las plantas a finales de verano o principios de otoño. El alhelí necesita un lugar abierto y soleado, pero al resguardo del viento intenso. El sustrato debe tener un buen drenaje. Abone la planta alrededor de un mes después de trasplantarla. Producirá sus perfumadas flores de vivos colores en primavera. Evite su cultivo en un terreno infectado por la enfermedad de *clubroot* o cultive las plantas en macetas.

Wisteria

GLICINA

Se trata de una trepadora muy vigorosa con largos racimos de flores perfumadas similares a las del guisante, que aparecen a principios de verano, y que puede formarse como un arbolito. Si se va a cultivar en maceta, la glicina necesita una jardinera de gran tamaño. Es probable que la planta precise varias podas durante el período de crecimiento, así como después de la caída de las hojas, para favorecer la floración. Debe regarse con regularidad en verano, aunque tolera muchas condiciones. No florece bien a la sombra. Evite el abono rico en nitrógeno, ya que favorece el crecimiento de la planta a expensas de las flores. En su lugar, es preferible optar por un abono orgánico equilibrado de liberación lenta. Será suficiente con una aplicación al año, en primavera, justo antes de que se inicie el período de crecimiento. Las plantas cultivadas en maceta pueden necesitar otro abonado en verano.

Pimpinella anisum

ANÍS

Siembre las semillas de esta hierba aromática anual en primavera en un sustrato con un buen drenaje. El anís requiere pleno sol y un riego regular, pero debe permitir que el sustrato se seque entre riego y riego. Recolecte las semillas en otoño; cuelgue los tallos para que se sequen y después tome las semillas secas y consérvelas en un envase hermético.

Ocimum basilicum

ALBAHACA

Una de las hierbas aromáticas más apreciadas, sobre todo en los países mediterráneos, esta sensible anual cuenta con unas hojas ovaladas de color verde claro y pequeñas flores blancas al final de los tallos. Las hojas, de delicioso aroma, se han utilizado tradicionalmente frescas o secas en platos que contienen como ingrediente el tomate, pero también aportan un delicioso aroma a sopas y guisos, carnes y verduras, sobre todo a la berenjena y las espinacas, e incluso a algunos de los platos asiáticos más populares. Siembre la albahaca desde finales de primavera a principios de verano en un invernadero o frente a una ventana en el interior. Cultive a pleno sol y riegue y abone con regularidad. No permita que florezca demasiado pronto o cesará su crecimiento. Corte con frecuencia las puntas para fomentar el hábito arbustivo. Los caracoles y algunas orugas adoran la albahaca.

Laurus nobilis

LAUREL

Los antiguos griegos utilizaban las hojas de este árbol para formar las coronas con las que distinguían a los héroes de la guerra o del deporte, así como a aquellos que conseguían el *baccalaureate*, premiados por su excelencia en los estudios o el arte. El laurel cultivado en el suelo forma un árbol de gran tamaño, pero puede desarrollarse en maceta durante muchos años. Se propaga fácilmente a partir de esquejes tomados a finales de verano. El laurel es de crecimiento bastante lento y puede podarse para conseguir determinada forma o dejarle desarrollar su propio estilo. Cuando se cultiva en maceta, el laurel no es completamente resistente y no soporta bien el frío ni el viento seco, que puede hacer que las hojas adquieran un tono marrón. Ubíquelo frente a una pared cálida o en el interior durante el invierno. Plántelo a pleno sol, con un sustrato con un buen drenaje y asegúrese de regarlo abundantemente durante la época de calor. Las hojas pueden recolectarse para la cocina siempre que se necesiten. Si la planta es atacada por cochinillas, pulverícela con un jabón insecticida.

Superior: Anís, albahaca
Inferior: Laurel

Phaseolus

JUDÍAS

Siembre las judías en un invernadero a principios de primavera o en el exterior cuando haya cesado el peligro de heladas. El sustrato debe estar húmedo en el momento de la siembra. Riegue abundantemente después de la siembra y no vuelva a regar hasta que surjan los plantones, excepto que el sustrato parezca haberse secado por completo. Las judías trepadoras necesitan tutores. Cultive a pleno sol y abone y riegue con regularidad durante todo el período de crecimiento. Una vez las judías han empezado a aflorar, recoléctelas cada pocos días para prolongar el período de recolección. Las principales plagas de las judías son el pulgón, las larvas de la araña roja y la mosca de las judías; pueden controlarse mediante el pulverizado con insecticidas, sobre todo en el envés de la hoja.

Beta vulgaris

REMOLACHA

Los tipos de remolacha de raíz globulosa pueden cultivarse en jardineras grandes, sobre todo las nuevas variedades mini. Antes de la siembra, añada un abono completo a unos 10 cm de la superficie de la maceta, rellénela con sustrato y siembre las semillas a una distancia de 10 cm entre ellas en primavera o en verano. Reduzca el riego y abone con regularidad. Las raíces saldrán a la superficie; no las cubra.

Capsicum annuum

PIMIENTO

En su mayoría, estos pimientos, originarios de la Sudamérica tropical, se cultivan como anuales de forma similar a los tomates o las berenjenas. Los pimientos se cultivan por sus frutos, de variadas formas, tamaños y grados de picante, desde los dulces o de aroma suave a los muy picantes. Los pimientos suaves o dulces se utilizan como hortaliza en ensaladas o asados. También se emplean en rellenos, condimentos, salsas y encurtidos. Con frecuencia, las guindillas se utilizan en la cocina mexicana y asiática. La páprika, el nombre húngaro del pimentón rojo, se obtiene de la variedad menos picante, y la cayena es el resultado de moler las variedades más pequeñas y picantes. Varias especies de este género de plantas vivaces pueden cultivarse como ornamentales. Siembre las semillas a principios de primavera en un invernadero. A partir de la semilla, el fruto tardará en salir entre cinco y seis semanas. Necesitan un riego y un abonado regular, pleno sol y protección. Sin embargo, el sustrato no debe estar empapado, ya que las raíces se pudrirían. La planta puede sufrir muchas de las plagas y enfermedades de los tomates, incluida la mosca blanca.

Superior: Judías, remolacha
Inferior: Pimientos

Carum carvi
ALCARAVEA

Siembre las semillas de alcaravea a principios de primavera a pleno sol. Necesita protección contra el viento, ya que esta ligera y aérea hierba aromática crece hasta una altura de 60-90 cm. Riegue las plantas con regularidad, pero no conserve la tierra demasiado mojada. Cuando las semillas estén maduras, las cabezuelas deben cortarse y secarse bien antes de guardar las semillas en un envase hermético.

Daucus carota
ZANAHORIA

Cultivada en primer lugar en Afganistán, la zanahoria es conocida desde hace alrededor de 2.000 años. Se trata de una bianual herbácea, pero se cultiva como anual. Esta popular hortaliza es deliciosa tanto cruda como cocinada, además de ser muy nutritiva por su contenido en azúcar, sales minerales, vitaminas y caroteno. Las zanahorias mini son más adecuadas para su cultivo en maceta debido a la limitación de la profundidad del terreno. No añada abono extra al sustrato, ya que las raíces se ahorquillarían. Cubra las finas semillas con arena para evitar que las raíces se endurezcan y aclare los plantones cuando sea necesario. Siembre las semillas desde primavera hasta principios de verano. Necesitan pleno sol, un buen drenaje y abundante agua cuando hace calor. Tardan cuatro o cinco meses en alcanzar la madurez, pero las zanahorias jóvenes pueden arrancarse y consumirse en cualquier momento. La mosca de la zanahoria puede constituir un problema.

Chamaemelum
MANZANILLA

El nombre común hace referencia a dos hierbas aromáticas que, aunque muy parecidas, tienen diferentes usos. La manzanilla romana (*Chamaemelum nobile,* sin. *Anthemis nobilis*) se utiliza como cobertora o tapizante. Las flores secas de *Matricaria recutita*, conocida como manzanilla silvestre, se utilizan para preparar infusiones. Además de la tisana calmante que se prepara con ella, durante siglos se ha utilizado para inhalaciones y compresas debido a sus propiedades antiinflamatorias. También se utiliza en popurrí. Existen tanto las formas anuales como las vivaces, pero las semillas de todas ellas pueden sembrarse en primavera. Prefiere el pleno sol, pero también crece en semisombra y necesita un riego regular y un buen drenaje. Recolecte las flores en un día cálido y seco y extiéndalas para que se sequen.

Superior: Alcaravea, manzanilla
Inferior: Zanahorias

Anthriscus cerefolium

PERIFOLLO

Esta hierba aromática anual se ha utilizado con propósitos medicinales y culinarios. En cultivo, *A. cerefolium* se trata como una planta de recolección estival. Tiene hojas cerosas, profundamente divididas, de color verde intenso, y racimos planos de pequeñas flores blancas que nacen del extremo del tallo floral en verano. Alcanza alrededor de 45 cm de altura. Siembre las semillas en primavera, preferentemente donde vayan a ser cultivadas, ya que no les gusta ser trasplantadas. El perifollo prefiere la sombra ligera, y con calor y sequía forma rápidamente semillas. Riegue abundantemente en verano. Las hojas pueden recolectarse o cortarse antes de la floración y colgarse para secarlas.

Allium schoenoprasum

CEBOLLINO

Esta vivaz resistente pertenece a la misma familia que la cebolla, el ajo, la chalota y el puerro. *A. schoenoprasum* crece a partir de pequeños bulbos formando matas de largos tallos redondeados y huecos de hasta 30 cm. Produce bonitas inflorescencias de color malva similares al trébol en primavera y verano. El cebollino puede cultivarse a partir de semillas en primavera o verano, pero se propaga con más facilidad mediante la división de viejas matas a finales de invierno, cuando la planta todavía sigue en reposo. El pleno sol y el riego y abonado regulares aseguran un buen suministro de sabrosas hojas durante muchos meses. Raramente es atacado por insectos, aunque el pulgón puede constituir un problema.

Coriandrum sativum

CILANTRO

Esta hierba aromática picante se cultiva tanto por sus semillas como por sus hojas. Posee uno de los más maravillosos aromas de todas las especies, aunque el fruto joven y las hojas tienen un olor muy ofensivo. Las hojas, similares a las del perejil, son de un color verde intenso y las pequeñas semillas son ovaladas y estriadas. Las cabezuelas terminales de las flores blanco-rosáceas aparecen desde principios hasta finales de verano. La planta alcanza una altura entre 40 y 90 cm. Las semillas pueden sembrarse desde primavera hasta principios de verano. El cilantro requiere pleno sol, protección contra el viento y riego regular para proseguir el crecimiento. Un suelo demasiado rico hace disminuir el aroma. Puede necesitar tutores. Las hojas pueden recolectarse con frecuencia, pero la planta no debe desnudarse. Las semillas pueden recolectarse una vez secas y maduras.

Cucumis sativus

PEPINO

Esta parra anual provista de zarcillos produce frutos suculentos de numerosas formas y tamaños. Existen tipos de tamaño reducido, disponibles en forma de semilla, adecuados para su cultivo en maceta. Siembre las semillas en macetas de 9 cm en un propagador cálido o junto a una ventana encima de un radiador. Riegue y abone con regularidad para que el crecimiento sea rápido. El mildiu puede constituir un problema.

Superior: Perifollo, cilantro
Inferior: Cebollino, pepino

Anethum graveolens

ENELDO

Esta hierba aromática anual, originaria del sureste asiático, ha sido muy apreciada desde antaño como hierba aromática culinaria. Tiene hojas finamente divididas y plumosas de color azul verdoso y umbelas de flores planas, de color amarillo verdoso, que aparecen en verano. Produce gran abundancia de semillas pequeñas y planas. Tanto las hojas como los tallos y las semillas de la planta se utilizan por su anisado aroma. Las semillas son un importante ingrediente de los encurtidos al eneldo y las hojas se utilizan en ensalada y platos de verdura, pescado, pollo, ciervo y cordero. El aroma de las hojas está en su mejor momento justo antes de la floración. El eneldo aporta un delicioso y peculiar aroma al pepino y al pescado. Asimismo, fomenta la digestión y la asimilación de los nutrientes. El eneldo necesita pleno sol, protección contra el viento y, en ocasiones, tutores. Permita que el sustrato se seque entre riego y riego, pero conserve el crecimiento rápido de la planta. Las hojas pueden recolectarse a medida que se necesiten, pero las semillas deben madurar en la planta antes de proceder a secarlas.

Lavandula

LAVANDA

Existen alrededor de 28 especies de este precioso arbusto aromático, con frecuencia cultivado como seto bajo. Originario del Mediterráneo, las islas Canarias, el norte de África y la India, sus pequeñas flores de color violeta y púrpura están densamente arracimadas en espigas erectas que sobresalen por encima de las aromáticas hojas de color verde grisáceo. El aceite de lavanda, utilizado en perfumería, se obtiene de *L. angustifolia* y *L. stoechas*.

La lavanda necesita pleno sol y un buen drenaje. Aunque puede propagarse mediante semillas, es mejor cultivarla a partir de esquejes tomados en verano. La planta puede alcanzar una altura considerable y necesitará ser trasplantada cuando la maceta se le quede pequeña. Permita que el sustrato se seque entre riego y riego y abone poco o nada. Corte las flores o pode ligeramente después de la floración.

Cymbopogon citratus

CITRONELA

Originaria de las regiones tropicales del Viejo Mundo, este género incluye más de 50 especies de plantas vivaces que forman matas. Las especies conocidas como citronela se cultivan comercialmente por su aromático aceite, utilizado en perfumería y aromaterapia. Las hojas se emplean habitualmente en la cocina tailandesa. Vivaz poco resistente, es improbable que sobreviva al invierno en márgenes, por lo que es mejor cultivarla en maceta, que puede ponerse a cubierto en un invernadero de temperatura cálida. En primavera pueden obtenerse nuevas plantas si se cortan algunos tallos carnosos de una mata a nivel del suelo. Asegúrese de que cada trozo cuenta con una raíz. En ocasiones es más fácil extraer la planta de la maceta y dividirla para volver a plantar los tallos por separado. Asimismo, también puede intentarlo con un trozo comprado en el supermercado. Elija un trozo fresco y con una buena base carnosa. Introdúzcalo directamente en el sustrato húmedo y conserve la maceta en un lugar cálido y umbrío. En el curso de dos o tres semanas echará raíces.

Superior: Eneldo, citronela
Inferior: Lavanda

Lactuca sativa

LECHUGA

Una de las hortalizas para ensalada más populares, la lechuga, en algunos países europeos, se utiliza también para la preparación de sopas. Originaria de Oriente Medio y el Mediterráneo, en la actualidad se han desarrollado muchos cultivares. Aunque de forma natural se trata de una planta de clima frío, se han desarrollado cultivares para climas templados y hoy en día existen tipos adecuados para todas las estaciones. Es preferible adquirir los cultivares de la región, ya que de esta manera se asegura que sean los adecuados para el clima de la zona. Es importante elegir la variedad correcta para el período de plantación. La lechuga debe cultivarse de forma rápida con un riego regular y abonado cada 10 o 14 días. Siembre de manera sucesiva para que no maduren todas las lechugas al mismo tiempo. Cuando las temperaturas son elevadas, las lechugas desarrollan rápidamente semillas. Vigile la presencia de caracoles y limacos, ya que representan el mayor peligro para la lechuga.

Mentha

MENTA

Esta hierba vivaz trepadora se extiende gracias a los rizomas y su cultivo es sencillo en prácticamente cualquier tipo de suelo y clima, excepto con calor y sequía extremos. Presentan tallos postrados o erectos ramificados y espigas terminales con pequeñas flores blancas o púrpuras. Los aromáticos aceites esenciales se hallan básicamente en sus hojas ovaladas. Existen numerosas especies ampliamente cultivadas, cada una con un aroma característico. La menta aporta un delicioso sabor a las bebidas frías veraniegas. La salsa de menta, que se sirve con el cordero, se elabora con la menta común. La menta

Superior: Lechuga, menta
Inferior: Orégano

necesita hallarse en semisombra y disponer de un sustrato húmedo. Cada trozo de raíz formará una planta y en el jardín puede llegar a ser invasiva, de manera que es mejor cultivarla en maceta. Puede podarse drásticamente para obtener nuevos brotes frescos y en invierno muere. Riéguela bien durante el período de crecimiento. Las orugas se comen las hojas y el moho puede constituir un problema. Si aparece roya, las hojas afectadas deberán eliminarse o, en casos extremos, arrancarse la planta.

Origanum vulgare

ORÉGANO

El orégano y la mejorana tienen un aspecto similar y se utilizan de forma parecida en la cocina. Sin embargo, el orégano tiene una textura más basta y un aroma algo más intenso que la hierba aromática que se conoce como mejorana. El follaje, de color verde claro, es algo más duro. Es prácticamente imposible distinguir entre las pequeñas flores blancas de uno y otra. Descrito como subarbusto, por regla general se trata de una planta expansiva que alcanza unos 30-90 cm de altura. En la época medieval se utilizaba como planta cobertora, así como para preparar bolsas de olor. En la actualidad se utiliza ampliamente en la cocina, y se añade a pizzas y platos de pasta, arroz, carne y verduras. Su aroma se potencia una vez seca. Es un importante ingrediente de muchos platos tradicionales de los países mediterráneos, como Italia y Francia. El orégano prefiere el pleno sol o la semisombra. Las variedades de hoja dorada pueden quemarse a pleno sol, por lo que es mejor ubicarlas en un lugar con cierta sombra. Hierba aromática vivaz, puede propagarse mediante semillas sembradas en primavera o por división o esquejes a finales de primavera y en verano. La planta necesita una poda regular y, pasados tres o cuatro años, se torna leñosa, momento en que es mejor reemplazarla por una planta nueva. Permita que el sustrato se seque entre riego y riego y abone poco o nada.

Petroselinum

PEREJIL

Originario del sur de Europa, en la actualidad, el perejil se encuentra en prácticamente todas las regiones del mundo. Apreciado en la antigüedad como planta sagrada y medicinal, hoy en día se sabe que contiene hierro, vitamina A y vitamina C. El aceite de esta planta se utiliza en fármacos desarrollados para el tratamiento de la malaria, y la infusión de perejil se sabe que es beneficiosa, sobre todo para los diabéticos. Sin embargo, se conoce principalmente como hierba culinaria y, por regla general, se considera un ejemplar indispensable en el jardín de aromáticas. Ideal cuando se combina con mantequilla y limón en platos de pescado, es igualmente delicioso en ensaladas, platos de huevos, salsas, sopas y guisos. El perejil complementa otras hierbas y combina con el perifollo, el cebollino y el estragón para preparar las denominadas finas hierbas. Siembre las semillas en primavera y verano. Puede tardar en germinar y debe mantenerse húmedo en todo momento. El perejil prefiere el sol, pero tolera cierta sombra. El perejil italiano germina con mayor rapidez, en sólo unos días. Mantenga el sustrato húmedo; no permita que se seque en pleno verano. Ocasionalmente, utilice un abono rico en nitrógeno para estimular el crecimiento de nuevas hojas. Aunque estrictamente se trata de una bienal, es mejor tratarlo como una anual y plantarlo cada año.

Raphanus sativus

RÁBANO

De origen desconocido, pero cultivado desde la antigüedad por su sabrosa raíz, el rábano es, probablemente, la hortaliza más fácil y rápida de cultivar. Era popular en la antigua China y, con frecuencia, se utiliza rallado para acompañar los platos japoneses. El rábano puede cultivarse desde principios de primavera hasta finales de verano y madura rápidamente. Añada abono completo al sustrato antes de la siembra directa de las semillas. Tras la germinación puede aclararse el follaje de la planta. Necesita pleno sol o sombra ligera y abundante agua. Tiene tendencia a no desarrollarse cuando hace demasiado calor. Siembre cada cuatro a seis semanas para asegurarse una cosecha continua.

Eruca vesicaria ssp. sativa

RÚCULA

La rúcula es un popular ingrediente de las ensaladas verdes por su aroma a pimienta. Aunque en Europa se ha cultivado durante siglos, sólo en los últimos años se ha hecho popular en otras partes del mundo. De las semillas se extrae un aceite que es un buen sustituto del aceite de colza. La planta puede alcanzar 60 cm de altura, pero, habitualmente, se recolecta para ensaladas cuando las hojas son jóvenes y tiernas. Las hojas están profundamente lobuladas y, si se permite que desarrolle las flores, éstas son de color amarillo cremoso con nervaduras de color púrpura. Se cultiva como anual, pero en las regiones muy cálidas puede soportar el invierno. Siembre las semillas de esta anual de crecimiento rápido desde principios de primavera hasta mediados de verano. La rúcula soporta mal el calor y prefiere cierta sombra, así como un riego y un abonado regulares. Las plantas pueden alcanzar una altura considerable, por lo que es mejor que estén a resguardo del viento. Las hojas estarán a punto para su recolección entre 6-8 semanas después de la siembra y pueden recolectarse a medida que se necesiten. Conserve la maceta cerca de la puerta de la cocina.

Superior: Perejil

Inferior: Rábano, rúcula

Rosmarinus officinalis

ROMERO

Desde hace mucho tiempo, el romero ha estado rodeado de mitología y simbolismo, siendo un símbolo de amistad. Las dos especies son originarias del Mediterráneo, donde, tradicionalmente, el romero ha sido utilizado en la cocina. Aporta un delicioso aroma al cordero, al cerdo, al pescado y a las verduras. El aceite de romero se utiliza en jabones, perfumes y champús. Cultivado a partir de esquejes tomados desde finales de primavera hasta principios de otoño, el romero necesita un buen drenaje y pleno sol. La adición de cal al sustrato es beneficiosa. Permita que el sustrato se seque entre riego y riego y no riegue en exceso en invierno. Corte los brotes por su fragancia o con fines culinarios y pode después de la floración, en primavera, para mantener el crecimiento compacto. La planta puede alcanzar un buen tamaño y precisará trasplantarse a una maceta más grande a medida que crezca.

Salvia officinalis

SALVIA

Originaria del Mediterráneo, la salvia es conocida desde tiempos ancestrales y es en Italia donde esta hierba se utiliza más: las hojas se saltean en aceite de oliva hasta que están crujientes y se emplean para aromatizar guisos.

Por el contrario, los ingleses prefieren utilizar la salvia en rellenos tradicionales para pato u oca. Aunque muy empleada en la cocina, sus hojas también son apreciadas por sus propiedades medicinales. La *Salvia officinalis* es una vivaz resistente que alcanza entre 60 cm y 1 m de altura,

de tallos ramificados, atractivas hojas de color verde grisáceo y flores malva o púrpura situadas en el extremo de los tallos en verano. Las aromáticas hojas son ligeramente amargas. La salvia precisa un sustrato con muy buen drenaje y no tolera la humedad en ningún estadio. También precisa pleno sol. Puede propagarse a partir de las semillas en primavera y a partir de esquejes tomados a finales de primavera o en otoño. Riegue con regularidad hasta que la planta esté establecida, pero, después, sólo si el terreno está seco; la salvia no soporta la humedad. Recolecte las hojas a medida que se vayan necesitando o elimine las hojas jóvenes antes de la floración y séquelas en un lugar oscuro y aireado.

Santolina

ABRÓTANO

Originario de la zona mediterránea, este género está formado por 18 arbustos compactos de hoja perenne, por regla general de follaje aromático grisáceo y flores circulares, similares a las margaritas, que aparecen en verano. Es una planta adecuada para un margen o una rocalla. Esta planta de hojas plateadas y aromáticas necesita pleno sol y un buen drenaje para crecer bien. Cultivada a partir de esquejes tomados a finales de primavera o en otoño, la planta puede ser expansiva y debe podarse con regularidad para que se mantenga compacta. Cultivada habitualmente por su follaje plateado, puede optarse por dejar que produzca sus flores estivales de brillante color amarillo antes de podarla.

Superior: Romero, salvia
Inferior: Santolina

Rumex scutatus

ACEDERA

Acedera es el nombre común de un importnate número de hierbas aromáticas de sabor acre del género *Rumex*, utilizadas tanto con fines medicinales como culinarios. Las tiernas hojas jóvenes se añaden a sopas y ensaladas y se utilizan en salsas para pescado, pollo y patatas cocidas. *Rumex scutatus*, la acedera francesa, es menos amarga que otras especies y es una de las más utilizadas en la cocina. Presenta grandes hojas con forma de corazón. Si se encuentra, el cultivar «Silver Shield» es una opción mejor que otras especies. Siembre las semillas en primavera o divida las raíces de las matas ya existentes en otoño o principios de primavera. La acedera prefiere el pleno sol, pero tolera la semisombra. Requiere un riego regular cuando hace calor y un abonado ocasional. En cuanto aparecen los tallos florales en verano deben eliminarse desde la base, ya que, de lo contrario, se interrumpiría el crecimiento del follaje. Los caracoles y los limacos pueden representar un problema. Si la planta es atacada por los horadadores de la hoja, destruya las hojas afectadas.

Fragaria

FRESAL

Fragaria chiloensis, supuestamente originaria de Chile, fue introducida en Francia a principios del siglo XVIII. Allí fue cruzada con *F. virginiana*, dando lugar al primero de los modernos cultivares de flores y frutos de mayor tamaño. Los híbridos de crecimiento lento de *Fragaria* (*Fragaria* x *ananassa*) no sólo producen la suculenta fruta roja apreciada por todos, sino que también constituyen unas atractivas cobertoras para los jardines de rocalla y macetas. La deliciosa fresa silvestre, *Fragaria vesca*, se ha cultivado en Europa desde hace siglos y se ha extendido a otras partes del planeta al ser mejorada en cuanto a tamaño y características de cultivo. Las fresas se consumen frescas acompañadas de nata, y la confitura casera de fresa es un clásico en desayunos y meriendas. También son ideales para la decoración de pasteles y tartas. Las fresas son populares, ya que su cultivo es sencillo y no necesitan demasiado espacio. Con el gran número de cultivares que existen en el mercado es posible disfrutar de las fresas en verano y otoño.

Las fresas pueden cultivarse en barriles, macetas o recipientes especialmente diseñados dotados de múltiples orificios en las paredes laterales. Las plantas son introducidas a través de los orificios en el rico sustrato del interior del recipiente.

Utilice un sustrato para maceta apropiado, al que se pueda añadir un abono granulado de liberación lenta para conseguir un abonado durante toda la temporada.

En los centros de jardinería y viveros pueden conseguirse plantas de importante producción y con certificación de que están libres de virus. Las plantas emiten estolones que, eventualmente, enraizan y forman nuevas plantas. Una vez desarrolladas pueden trasplantarse con cuidado en un sustrato rico. Los mejores estolones son los de aquellas plantas que todavía no tienen frutos.

El moho gris es una enfermedad fúngica importante que provoca la podredumbre de la planta. Para evitarlo, sitúe las macetas en un lugar abierto y soleado con cierta protección contra el viento y evite el riego a última hora del día.

Superior: Acedera
Inferior: Fresal

Beta vulgaris var. cicla

ACELGA

La acelga puede cultivarse a partir de las semillas sembradas de primavera a verano. La planta necesita pleno sol o semisombra y un riego y abonado regulares. La acelga disfruta de un período de recolección prolongado. Recolecte las hojas a medida que se necesiten; córtelas desde cerca de la base de la planta, pero deje suficiente planta para que pueda sobrevivir. Vigile la presencia de limacos, ya que pueden constituir un problema.

Thymus

TOMILLO

Existen más de 300 especies de este género de aromáticos arbustos de hoja perenne y crecimiento lento. Sin embargo, sólo un escaso número son de hábito postrado o rastrero. En su mayoría, son tanto de hojas como de flores pequeñas. Son adecuados para jardines alpinos, rocallas, márgenes y macetas. Algunas especies y cultivares de hábito postrado se utilizan como coberturas que desprenden su aroma a tomillo cuando se camina a su lado. El tomillo es uno de los componentes de los ramilletes de hierbas aromáticas utilizados en cocina y, con frecuencia, se utiliza en guisos y sopas. El tomillo puede cultivarse a partir de las semillas sembradas en primavera, pero éstas tienden a producir plantas de calidad inferior, por lo que es mejor propagar a través de esquejes tomados a finales de primavera o en otoño o por división de las raíces. El tomillo precisa pleno sol y un buen drenaje, de manera que debe añadirse arena al sustrato. Riegue regularmente para que la planta se establezca, pero una vez se desarrolle,

Superior: Acelga, tomillo
Inferior: Tomates

riegue sólo ocasionalmente y no añada ningún tipo de fertilizante. Pode después de la floración para evitar que la planta adquiera un aspecto desaliñado.

Lycopersicon esculentum

TOMATERA

Como otros muchos alimentos, el tomate fue introducido en Europa por los conquistadores españoles a principios del siglo XVI. No obstante, su uso no se extendió, excepto en Italia y el sur de Francia, hasta 1800, lo que significa que es una de las hortalizas de introducción más reciente utilizada a gran escala. El tomate es un jugoso fruto redondo u ovalado y representa un valioso aporte en nuestra dieta. Es rico en vitamina C (no destruida por el calor) y contiene carotenos, almidón, agua y fibra. Su color oscila del amarillo al rojo intenso. El tomate tiene múltiples usos. Es delicioso en ensaladas, especialmente con aceite. Los tomates de importante producción son excelentes para jardineras de gran tamaño y las variedades de fruto pequeño son ideales para macetas de patio y colgantes. Cultive los tomates a partir de semillas sembradas en los días cálidos de primavera y no trasplante hasta que no haya cesado el riesgo de heladas. Cada planta necesita una maceta de 25-30 cm de diámetro. Precisa pleno sol y protección contra el viento. Antes de la plantación, coloque un tutor en la maceta. Riegue y abone con regularidad a lo largo de todo el período de crecimiento con un abono líquido rico en potasio. Ate la planta al tutor de vez en cuando a medida que va creciendo. Pueden eliminarse los brotes laterales que se desarrollan en la base del pecíolo de las hojas. También puede optarse por cortar la guía una vez la planta está bien desarrollada. Vigile la presencia de la mosca blanca. Las infestaciones leves pueden controlarse matando las moscas con el índice y el pulgar.

Brassica rapa

NABA

Aunque en cierta medida despreciada por las personas de origen anglosajón, la naba goza de prestigio en las cocinas francesa, japonesa y de Oriente Medio. La hinchada raíz de la naba se utiliza como hortaliza, generalmente cocida o preparada al vapor. También puede asarse o encurtirse. Las hojas tiernas, de color verde, pueden prepararse salteadas o cocidas al vapor. La naba puede sembrarse desde finales de invierno hasta otoño en macetas altas. Las semillas deben plantarse a una distancia de 10 cm entre ellas. El cultivo de hortalizas de raíz en macetas es difícil y requiere muchos cuidados y atenciones si se quieren obtener buenos resultados. Las plantas necesitan un riego y abonado regulares, con el fin de evitar que las raíces resulten bastas.

Nasturtium officinale

BERRO

El cultivo en maceta del delicioso berro es posible. A medida que los plantones vayan creciendo, coloque la maceta sobre un plato con agua. No permita que el agua se estanque; cámbiela como mínimo una vez por semana. Vaya cortando los tallos para que prosiga el crecimiento. El berro prefiere una ubicación umbría.

Cucurbita pepo

CALABACÍN

En algunas zonas del planeta, el calabacín hace tan sólo unas pocas décadas que se ha convertido en una hortaliza popular, pero los franceses y los italianos lo utilizan desde hace mucho tiempo en platos como el *ratatouille* o las verduras a la brasa. Asimismo, cocido al vapor y tostado en un poco de mantequilla constituye una delicada guarnición para carnes. El calabacín puede ser de color verde oscuro, verde pálido o amarillo y lo mejor es recolectarlo cuando mide unos 10 cm. El calabacín puede sembrarse en los días cálidos de primavera y trasplantarse una vez concluido el riesgo de heladas. Existen variedades más pequeñas adecuadas para su cultivo en maceta, pero de todas maneras necesitan espacio para desarrollarse. La planta necesita pleno sol o semisombra y protección contra el viento. Una vez aparece el calabacín, el fruto aumenta rápidamente de tamaño, por lo que la planta se debe vigilar y recolectar cada día. El mildiu y el marchitado bacteriano pueden representar un problema.

Superior: Naba, calabacín
Inferior: Berro

Agave
ÁGAVE AMERICANA

Originario de América del Sur y Central, este género comprende alrededor de 300 especies, muchas de las cuales se han cultivado con fines comerciales por las fibras de sus hojas y el «pulque», el ingrediente principal de un licor mexicano. Ampliamente distribuido en su hábitat natural, algunas especies también se han adaptado a varias zonas del planeta. Pueden encontrarse en distintos tamaños, desde las rosetas gigantes de 2-3 m de diámetro hasta las más pequeñas, de 2 cm. Antiguamente existía la creencia de que la planta florecía sólo cada 100 años. Hoy en día se sabe que algunas florecen a los cinco años, mientras que otras sólo florecen al alcanzar los 30-50 años. Todas las especies cuentan con hojas suculentas y tallos florales que surgen del centro de la planta como si se tratase de un mástil, que crece con gran rápidez y que alcanza gran altura. A partir de él, algunas especies producen inflorescencias ramificadas con numerosas flores, que tienen la capacidad de autofecundarse. Asimismo, algunas especies producen pequeños bulbos en las axilas del tallo floral, lo que facilita su propagación. El ágave es una vivaz de resistencia media que alcanza 90 cm o más y que forma rosetas de hojas verde grisáceo, lanceoladas y muy dentadas. Cultívela a pleno sol y en un sustrato bien drenado. Propague a principios de verano a partir de acodos producidos de forma natural. Raramente florece en maceta. Existen varias formas variegadas, con rayas amarillas o crema en las hojas.

Echeveria
ECHEVERIA

Originaria principalmente de México y América Central, este popular género incluye alrededor de 150 especies de atractivas suculentas vivaces que se caracterizan por formar rosetas. Algunas especies constituyen acodos de forma natural en la base, creando grandes matas, mientras que otras crecen en forma de altos tallos. Los tallos soportan un número variable de flores y cuelgan desde el ápice. Se han producido muchos y hermosos cultivares. Plántela en grupos al sol y en un sustrato con muy buen drenaje y protéjala de las heladas intensas. Propague a partir de acodos, por división o por esquejes en verano.

Glossfeldiana
KALANCHOE

Se trata de una suculenta perenne sensible a las heladas, cultivada con mayor frecuencia como planta de interior, pero que puede desarrollarse en macetas de jardín durante el verano. Presenta vistosas flores de color rojo, amarillo o rosa. Cultívela a pleno sol o en semisombra en un sustrato bien drenado y mantenga el sustrato húmedo. Propague a través de semillas, acodos o esquejes del tallo en primavera y verano.

Superior: Echeveria, kalanchoe
Inferior: Agave americana

Sedum

UVA DE GATO

Este extenso género consta de más de 300 especies de suculentas, originarias, en su mayor parte, de zonas templadas norteñas, aunque algunas proceden de zonas tropicales. De tamaño que oscila de las diminutas cobertoras que forman matas a las plantas enanas similares a un arbusto, estas plantas pueden ser anuales, vivaces o subarbustivas. Las plantas tienen características muy variadas y las hojas pueden ser de diversas formas y tamaños, pero siempre en apretadas espiras. Las flores estrelladas de cinco pétalos, en su mayoría formando racimos, pueden ser blancas, amarillas, rosa-rojizas o violetas. Muchas se cultivan en el jardín, pero un gran número son populares como plantas de maceta. Cultívelas en un sustrato fértil y bien drenado y riegue con regularidad durante el período de crecimiento. Propague por división en primavera o mediante esquejes en primavera y verano.

Sempervivum

Endémica de las montañas y zonas elevadas de Europa, oeste de Asia y Marruecos, estas rosetas suculentas ornamentales constituyen unas magníficas cobertoras para muros, bancales y rocallas. La planta abunda en el folclore. En el pasado, estas plantas tenían muchos usos, desde la protección contra el mal de ojo y la eliminación de verrugas y callos hasta, curiosamente, ayudar a las mozas a elegir marido. Para ello, los pretendientes se presentaban con una planta joven y aquella que después de un tiempo estaba más bonita indicaba a la moza cuál era la mejor elección. *Sempervivum* es una vivaz perenne resistente que forma unas matas de hojas cobertoras. En verano produce racimos de flores que se mantienen por encima de las densas rosetas de estrechas hojas. Las rosetas mueren después de la floración, pero dejan numerosos brotes. Elimine los tallos inmediatamente después de que las flores se marchiten. Plántelas en grupos en un sustrato arenoso. Prefieren el pleno sol, pero toleran una sombra ligera y crecen con mayor vigor si se riegan con regularidad. Se propagan mediante brotes de estolones en verano.

Superior: Sedum
Inferior: Sempervivum

BLUME

Título original:
Container Gardening

Traducción:
Margarita Gutiérrez Manuel

Revisión científica de la edición en lengua española:
Xavier Bellido Ojeda
Experto en jardinería
Asesor en plantaciones y reformas

Coordinación de la edición en lengua española:
Cristina Rodríguez Fischer

Primera edición en lengua española 2007

© 2007 Naturart, S.A. Editado por Blume
Av. Mare de Déu de Lorda, 20
08034 Barcelona
Tel. 93 205 40 00 Fax 93 205 14 41
E-mail: info@blume.net
© 2005 Murdoch Books Pty Limited, Australia

I.S.B.N.: 978-84-8076-690-6

Impreso en China

CONSULTE EL CATÁLOGO BLUME DE PUBLICACIONES ON-LINE
INTERNET: HTTP://WWW.BLUME.NET